PETER DYCKHOFF

Christophorus

PETER DYCKHOFF

Christophorus

Weg der Wandlung

Mit 40 Abbildungen

fe

Bibliografische Information: Deutsche Nationalbibliothek.
Die Deutsche Nationalbibliothek verzeichnet diese Publikation in der Deutschen Nationalbibliografie; detaillierte bibliografierte Daten sind im Internet über http://dnb.ddb.de abrufbar.

CHRISTOPHORUS
Peter Dyckhoff
1. Auflage 2023

fe-medienverlags GmbH
Hauptstraße 22, D 88353 Kißlegg
www.fe-medien.de

Umschlaggestaltung: Finken und Bumiller, Stuttgart
Umschlagmotiv: Dieric Bouts d. Ä., »Perle von Brabant« (1467–1468), Alte Pinakothek, München
Satz: mittelstadt 21, Vogtsburg-Burkheim
Korrektorat: Dr. Reiner Schöttle Verlagsservice, Lam / Opf.

Druck: Pustet, Regensburg
Printed in Germany

ISBN 978-3-86357-393-5

Inhalt

I. Teil – Der lange Weg der Wandlung

II. Teil – Ein Bild vertieft die Worte

III. Teil – Christophorus, der Christusträger

Vorwort

Bei der Reizüberflutung, die täglich auf uns einströmt, bei den Nachrichten, die wir aus der ganzen Welt täglich mehrmals hören und sehen, ist es eine Wohltat, abschalten zu können und zu schweigen. Und dennoch verfolgen uns viele Bilder weiter bis in die Nacht und den nächsten Tag hinein, weil sie so grausam und unmenschlich sind, weil Menschen anderen Menschen so Schreckliches antun. Man kann krank daran werden, wenn man erfahren muss, wie ohnmächtig man ist, wenn man nicht helfen oder dagegen einschreiten kann. Wichtig ist, dass wir uns von den dunklen Mächten nicht überwältigen und lähmen lassen.

Wenn ich spüre, dass meine Psyche von all den schlimmen Ereignissen überlastet ist, versuche ich, mich für eine halbe Stunde in die Stille zurückzuziehen. Aus beruflichen Gründen kann das nicht immer spontan geschehen, doch an den Übergängen von einem Tun zum anderen ist es erstaunlicherweise häufiger möglich, als ich es mir vorgestellt habe. Wie viel Zeit verbringen wir am Tag mit Unnötigem, auf das wir verzichten können? Wichtig ist, dass wir nicht auf die Dauer überfordert werden und beginnen, an einem Defizit zu leiden, das allzu schnell zu einer Krankheit führt. In der Überaktivität des Alltags fehlt vielen Menschen die innere Ruhe als Kraftquelle für ein ausgewogenes Leben, das auch Freude und Heiterkeit beinhalten muss.

Die Ruhe, die im Wellnessbereich gewonnen wird, kann zwar im Augenblick sehr angenehm und wohltuend sein, doch sie reicht bei all dem, was wir zu verkraften und zu verarbeiten haben, nicht aus. Wenn wir von Ruhe sprechen, ist damit die göttliche Ruhe gemeint, die der Herr am siebten Schöpfungstag in die Schöpfung hineinlegte, die er selbst pflegte und uns gebot, sie zu halten. Die Wochenenden sehen bei den meisten Menschen und Familien jedoch nicht nach dieser Ruhe aus, sondern eher nach noch mehr Aktivität als in der Woche. Eine Hochkultur, wenn sie überlastet ist und man nur von ihr fordert, anstatt sich auch kreativ einzubringen, wird unweigerlich zugrunde gehen. Ähnlich ist es auch mit unserer christlichen Religion als Quelle des Lebens. Wenn sie versiegt und wir keine Zeit haben für Gott, müssen wir nicht nur auf seine Gnadenzuwendung verzichten, sondern auch unser gesamtes Leben trocknet langsam aus.

Es gibt – im wahrsten Sinne des Wortes – wunderbare Wege, die den Empfang der Sakramente und eine Bereicherung des gesamten Lebens zum Ziel haben. Zu ihnen gehört auch das Ruhegebet, eine einfache Gebetsweise, die die Wüstenväter aus dem Neuen Testament entwickelt haben und die Johannes Cassian (360–435) als Erster aufgezeichnet hat, sodass sie uns im Original zugänglich ist. Doch geht es beim heiligen Christophorus vornehmlich und besonders vor seiner Bekehrung nicht um das Gebet, sondern um Aktivität in dienender Hingabe. Der Einsiedler fordert ihn auf, zu fasten. Darauf antwortet ihm Christophorus: *Er fordere von mir einander Ding, denn dies vermag ich nicht zu tun.* Der Einsiedler entgegnet: *Es ist Not, dass du viel zu ihm betest.* Christophorus erwidert: *Ich weiß nicht, was das ist, und kann ihm darin nicht folgen.*

Liebe Leserinnen und liebe Leser, erwarten Sie von diesem Buch nicht, dass ein Gebetsweg aufgezeigt wird, um Gott zu finden, sondern das Leben des heiligen Christophorus ist ein aktives und bewegtes Leben, das durch ein Dienen in Hingabe seine Erfüllung findet. Der Höhepunkt in seinem Leben ist die Begegnung mit Christus und die damit verbundene Wandlung. Diesen Augenblick, der von österlicher Kraft durchflutet ist, hat Dieric Bouts (um 1410–1475) auf wunderbare Weise auf der rechten Seite des Flügelaltars »Perle von Brabant« dargestellt. Es ist ein stilles und gleichzeitig heilbringendes Bild. Das Buch ist diesem Bild gewidmet, und die darin ausgesprochenen Worte möchten zu einem langen meditativen Anschauen führen, um dadurch Ruhe für die Seele und Gotteserfahrung zu finden. Dieser Weg führt also über ein einzelnes Bild und es heißt, sich Zeit zu nehmen, um stufenweise sein Geheimnis zu entschlüsseln.

Andererseits bestätigt dieses Bild und auch das Leben des Christophorus, dass nicht ausschließlich Fasten und Beten den Christen ihrem Ziel näherbringen, sondern auch ein aktives Leben. Wie jeder Weg muss auch dieser immer neu korrigiert werden, wenn er zur Sackgasse wird und wir anstatt Christus dem Bösen dienen. Bevor wir uns der Lebensgeschichte des Christophorus, der vor seiner Taufe Reprobus hieß, und damit der »Legenda aurea« zuwenden, sollen einige Fakten aufgezählt werden, die seine Existenz belegen.

Wer ist dieser Christophorus, der gläubige wie auch nichtgläubige Verkehrsteilnehmer begleitet? Es gibt aber auch Menschen beider Konfessionen, die die Verehrung des Heiligen für Aberglauben halten. Dabei hat Martin Luther Christophorus als das Symbol des christlichen Menschen bezeichnet.

Christophorus lebte im dritten Jahrhundert nach Christus in Kleinasien und starb dort als Bekenner des Glaubens an Jesus Christus. Der älteste Beweis seiner Existenz ist eine Inschrift auf einem Stein, der nahe dem antiken Chalkedon gefunden wurde.

Dieser Stein gehört zu den Ruinen einer Christophorus geweihten Kirche. Er bekundet, dass Bischof Eulalius von Chalkedon im Mai 450 mit dem Bau dieser Kirche begonnen und sie am 22. September 452 eingeweiht hat. Es ist anzunehmen, dass diese, dem Christophorus geweihte Kirche, als Konzils-Gedächtniskirche errichtet wurde. Das Konzil fand 451 in Chalkedon statt (heute ein Stadtteil von Istanbul). Hinweis auf einen gewaltsamen Tod des Heiligen gibt die Tatsache, dass in der frühchristlichen Zeit nur Märtyrer als Kirchenpatrone ernannt wurden.

Im größten Verzeichnis von Märtyrern und Heiligen, das um 450 zusammengestellt wurde, ist Christophorus ein eigener Festtag zugedacht. Papst Gregor I. spricht in einem Brief aus dem Jahr 598 an Bischof Secundinus von Taormina von einem »monasterium Sancti Christophori«. Dieses dem heiligen Christophorus geweihte Kloster muss sich demnach in der Diözese Taormina auf Sizilien befunden haben. Stätten der Verehrung des heiligen Christophorus entstanden an großen Straßen, die bedeutsam waren für Kaufleute und Pilger. Hier wurden Kirchen gegründet und dem Heiligen geweiht. Schon seit früher Zeit hat man bereits den heiligen Christophorus in Verbindung gebracht mit Menschen, die unterwegs sind.

Die Benediktiner des Inselklosters Reichenau im Bodensee nahmen Christophorus im neunten Jahrhundert in die Allerheiligen-Litanei auf und widmeten ihm eine eigene Messe. Um die Jahrtausendwende entstand im Abendland das älteste Wandgemälde, das Christophorus darstellt. Es befindet sich in der römischen Kirche Santa Maria Antiqua. Das Bild von Dieric Bouts, auf das wir hinsteuern, stammt aus dem 15. Jahrhundert und befindet sich in der Alten Pinakothek in München.

Ein Bild in einem Museum wird eher als Kunstwerk angeschaut und auch entsprechend taxiert. Für viele ist es in einem Museum nicht mehr ein Bild des Glaubens, nicht mehr ein Anspruch, der auf eine Antwort von uns wartet. Und dabei wurde vor diesem Altar, der »Perle von Brabant«, fünfhundert Jahre lang gebetet und es wurden unzählige heilige Messen gefeiert. Gerade die Feier des Todes und der Auferstehung Jesu Christi hat diesen wunderbaren Flügelaltar geheiligt. Könnten wir nicht einmal in ein Museum gehen und die Andachtsbilder wieder andächtig anschauen und vor ihnen beten? Dadurch würde auch das Museum eine ganz besondere Weihe erfahren. Warum sollten wir dies nicht tun, wenn schon diese Bilder nicht mehr in die Kirche zurückgebracht werden können, woher sie eigentlich kommen und wohin sie eigentlich gehören? Doch viele alte wertvolle Kunstwerke müssen restauriert und geschützt werden.

Des Öfteren habe ich in München die Alte Pinakothek besucht, um mir immer wieder die »Perle von Brabant« und besonders den rechten Flügel mit Christophorus anzuschauen. Jedes Mal verließ ich dankbar und erfüllt das Museum, in dem ich gern noch mehr Zeit verbracht hätte, um Einzelheiten und größere Zusammenhänge auf den Bildern zu entdecken.

Zum Anschauen eines Bildes möchte ich Sie jetzt, liebe Leserinnen und Leser, mit diesem Buch einladen. Zu Beginn erzählt Jakobus de Voragine aus seiner »Legenda aurea« die Lebensgeschichte des Christophorus. Im I. Teil, »Der lange Weg der Wandlung«, werden besondere Stationen seines Lebens vertieft und veranschaulicht. Der II. Teil führt zum detaillierten Anschauen und geistlichen Betrachten des Flügelaltars. Der III. Teil widmet sich dann ganz dem Christophorus-Bild. Im Kapitel »In der Unrast schenkst du Ruh« offenbart sich das Bild in ganz besonderer Weise. Zwei Fragebögen sind angehängt, die ganz persönliche Fragen zu unserem Lebens- und Glaubensweg beinhalten. Diese können, wenn man Zugang zu ihnen findet, während des Lesens des Buches beantwortet werden.

Ich wünsche Ihnen, liebe Leserinnen und Leser, dass diese Lebensgeschichte eines Heiligen gut bei Ihnen ankommt und besonders das Betrachten dieses zutiefst vergeistigten Bildes Segen bringt.

Peter Dyckhoff

Legenda aurea des Jacobus de Voragine

Wird der Geist des Mittelalters noch im historischen Geschehen erkannt? Nein, die Taten dieser Zeit spiegeln den Geist nicht wider, aber ein Buch jener Zeit selbst: der Heiligenkalender, täglich gegenwärtiges Leben. Ein solches Buch hat es gegeben und gibt es: Es ist »Die Legenda aurea« (Goldene Legende) des Jacobus de Voragine.

Jacobus de Voragine wurde 1230 geboren; er lebte in Genua und gehörte zum Orden der Dominikaner. 1292 wurde er zum Erzbischof geweiht. Vor und während dieser Zeit hat er viele Heiligenlegenden gesammelt und dazu die Chroniken vieler Meister verwandt. Jacobus de Voragine wurde zum Dichter und Sammler der christlichen Mythologie, aus der der Reichtum an Sinnbildern kam, die über Jahrhunderte die christliche Kultur prägen sollten. Im Jahr 1298 starb er. Die Einwohner von Genua nahmen mit großer Trauer von ihm Abschied. Er wurde 1816 von Papst Pius VII. seliggesprochen.

Die Legenda aurea ist das Ergebnis einer tausendjährigen Entwicklung der christlichen Mythologie. Durch sie ist es möglich, die Welt lebendig und bildhaft-künstlerisch anzuschauen. Die Überlieferung ist reich, war aber nach Orten und Klöstern getrennt und verschieden. Eine Annäherung zwischen dem Volk und der geistlichen Literatur und Dichtung entstand allerdings erst durch die Gründung der Bettelorden. Durch sie wurden die christlichen Stoffe verinnerlicht und vereinfacht und somit wahrhaft volkstümlich. Die Legenda aurea wurde zwischen 1263 und 1273 geschrieben.

Es ist das Verdienst von Jacobus de Voragine, dass er die beiden getrennten Elemente vereinigte, indem er den mythologischen Stoff mit der liturgischen Form durchdrang. Dabei hat er es vermocht, Unglaubwürdiges vom Glaubwürdigen zu trennen. Die Verantwortung für die Gläubigen ließ ihn immer wieder an den überlieferten Texten berechtigte Kritik üben. Bei Jacobus de Voragine ist das Historische, das jeder Legende als Hintergrund dient, aufgehoben und in eine höhere Ordnung gebracht. Er hat Hunderte von verschiedenen Stilen in der Legenda aurea zu einem Stil zusammengebracht. Es entsteht ein Klang des schlichten, bildhaften Wortes, das gefühlt wird, als würde es von einer vertrauten Stimme gesprochen. Jacobus de Voragine hat als Mann des Volkes seine Geschichten erzählt: mit Einfalt und Erfülltheit zugleich.

Ohne diese wunderbare Erzählkunst des Mittelalters wären die großen Wandmalereien der Bettelorden, die Kathedralskulpturen, die Glasmalerei der deutschen Dome, die Miniaturmalerei und die späteren Altar- und Tafelbilder, zu denen auch die »Perle von Brabant« gehört, undenkbar. Das Bild lebt durch geistige Bewegung und dichterischen Zusammenhang. Humanismus und Rationalismus haben die »Legenda aurea« verworfen und vergessen lassen. Erst im zwanzigsten Jahrhundert ist das Buch wiederentdeckt worden, und zwar durch die Kunstgeschichte. Ihre Entdeckung als Dichtung in eigener Kunstform ist das Verdienst von Richard Benz (1884–1966). Der Text selbst geht auf die ältesten lateinischen Handschriften zurück. Den Übersetzer leitet unter anderem ein künstlerisches Anliegen: Das geschieht durch die Verwendung des alten Deutsch.

JACOBUS de VORAGINE
De hand van GOD De mooiste
HEILIGENLEVENS uit
de LEGENDA AUREA
A
VERTAALD DOOR VINCENT HUNINK EN MARK NIEUWENHUIS

Von Sanct Christophorus: Legenda aurea

Christophorus hieß vor seiner Taufe Rebrobus, darnach aber ward er Christophorus genannt, das ist: der Christum trägt. Denn er trug Christum auf vielerlei Weise: auf seinen Schultern, da er ihn über das Wasser brachte; in seinem Leib durch die Kasteiung, die er sich antat; in seinem Geist durch seine innige Andacht; in seinem Munde durch sein Bekenntnis und durch seine Predigt.

Christophorus war geboren vom Volke der Chananaeer und war von gewaltiger Größe und furchtbarem Angesicht, und maß zwölf Ellen in die Höhe. Man liest von ihm in etlichen seiner Geschichten, daß er einst stund vor einem König der Chananaeer; da kam ihm in den Sinn, daß er den mächtigsten König sollte suchen, der in der Welt wäre, und bei dem sollte bleiben. Also kam er zu einem großen König, von dem ging die Rede, daß es keinen größeren Fürsten in der Welt gebe. Der König nahm ihn mit Freuden auf und hieß ihn bei sich bleiben an seinem Hof.

Eines Tages sang vor dem König ein Spielmann ein Lied, darin des Teufels Name gar oft genannt war. Da nun der König ein Christ war, zeichnete er seine Stirn mit dem Zeichen des Kreuzes, so oft des Teufels Name genannt ward. Als Christophorus das sah, verwunderte er sich über die Maßen, warum der König das täte, und was er mit dem Zeichen meinte. Er fragte den König, der aber wollte es ihm nicht sagen. Da sprach Christophorus: »Sagst

du es mir nicht, so bleibe ich nicht länger bei dir.« Also zwang er den König, daß er sprach: »Wann ich den Teufel höre nennen, so segne ich mich mit diesem Zeichen; denn ich fürchte, daß er sonst Gewalt gewinne über mich und mir schade.«

Sprach Christophorus: »Fürchtest du den Teufel, daß er dir schade, so ist offenbar, daß er größer und mächtiger ist denn du, da du solche Angst vor ihm hast. So bin ich denn in meiner Hoffnung betrogen, da ich vermeinte, daß ich den mächtigsten Herrn der Welt hätte gefunden. Aber nun leb wohl, denn ich will den Teufel selbst suchen, daß er mein Herr sei und ich sein Knecht.« Also ging er von dem König und machte sich auf, den Teufel zu suchen.

Einst kam er in eine Einöde, da sah er eine große Schar Ritter; einer von ihnen war wild und schrecklich anzusehen, der kam zu Christophorus und fragte ihn, wohin er fahre. Er antwortete: »Ich suche den Herrn den Teufel, denn ich wäre gern sein Knecht.« Sprach der Ritter: »Ich bin der, den du suchst.« Des war Christophorus froh und gelobte ihm seinen Dienst für ewige Zeiten und nahm ihn zu seinem Herrn. Da sie nun miteinander dahin zogen, kamen sie einst auf eine Straße, da war ein Kreuz am Wege erhöhet. Alsbald der Teufel das Kreuz sah, floh er voll Furcht und ließ die Straße, und führte Christophorum zur Seite einen rauhen und wüsten Weg, und darnach wieder zu der Straßen.

Christophorum verwunderte sich darob und fragte ihn, warum er den geraden Weg habe gelassen und auf solchen Umwegen durch die Wüste sei gefahren. Der Teufel wollte es ihm in keiner Weise sagen, aber Christophorus sprach: »Sagst du es mir nicht, so gehe ich alsbald von dir.« Also zwang er den Teufel, daß er sprach: »Es ist ein Mensch gewesen, Christus mit Namen, den hat man ans Kreuz geschlagen; und so ich dieses Kreuzes Zeichen sehe, so fürchte ich mich sehr und muß es fliehen.« Sprach Christophorus: »So ist denn jener Christus größer und mächtiger denn du, so du sein Zeichen so sehr fürchtest? Also war meine

Mühe umsonst, und ich habe den größten Fürsten der Welt noch nicht gefunden. Lebe nun wohl, denn ich will von dir scheiden und Christum suchen.«

Er suchte lange Zeit, ob ihm jemand von Christo möchte Kunde geben. Zuletzt kam er zu einem Einsiedel, der predigte ihm von Christo und unterwies ihn mit Fleiß im Glauben. Und sprach zu Christophorus; »Der König, dem du dienen willst, begehrt, daß du viel fastest.« Antwortete Christophorus: »Er fordere von mir ein ander Ding, denn dies vermag ich nicht zu tun.« Sprach der Einsiedel: »Es ist not, daß du viel zu ihm betest.« Antwortete Christophorus: »Ich weiß nicht, was das ist, und kann ihm darin nicht folgen.« Da sprach der Einsiedel: »Weißt du den Fluß, darin viel Menschen umkommen, so sie hinüber wollen fahren?« Antwortete Christophorus: »Ja, ich weiß ihn.« Und der Einsiedel sprach: »Du bist groß und stark; setze dich an den Fluß und trage die Menschen dahinüber, so wirst du Christo dem Könige gar genehm sein, dem du zu dienen begehrst; und ich hoffe, daß er sich dir daselbst wird offenbaren.« Sprach Christophorus: »Das vermag ich wohl, und will ihm hierin dienen.«

Also ging er zu dem Fluß und baute sich an dem Ufer eine Hütte. Er nahm eine große Stange in seine Hand statt eines Stabes, darauf stützte er sich im Wasser und trug die Menschen alle hinüber ohn Unterlaß. Darnach über manchen Tag, da er einst in seiner Hütte ruhete, hörte er, wie eines Kindes Stimme rief: »Christophore, komm heraus und setz mich über.« Er stund auf und lief hinaus, konnte aber niemanden finden; also ging er wieder in seine Hütte. Da hörte er die Stimme abermals. Er ging wieder hinaus und fand niemanden. Darnach hörte er die Stimme zum dritten Male wie zuvor; und da er hinausging, fand er ein Kind am Ufer, das bat ihn gar sehr, daß er es hinübertrage.

Cristofori faciem die quacumque tueris
Illa nempe die morte mala non morieris
Millesimo cccc°
xx° tercio

Christophorus nahm das Kind auf seine Schulter, ergriff seine Stange und ging in das Wasser. Aber siehe, das Wasser wuchs höher und höher, und das Kind ward so schwer wie Blei. Je weiter er schritt, je höher stieg das Wasser, je schwerer ward ihm das Kind auf seinen Schultern; also daß er in große Angst kam und fürchtete, er müßte ertrinken. Und da er mit großer Mühe durch den Fluß war geschritten, setzte er das Kind nieder und sprach: »Du hast mich in große Fährlichkeit bracht, Kind, und bist auf meinen Schultern so schwer gewesen: hätte ich all diese Welt auf mir gehabt, es wäre nicht schwerer gewesen.«

Das Kind antwortete: »Des sollst du dich nicht verwundern, Christophore; du hast nicht allein alle Welt auf deinen Schultern getragen, sondern auch den, der die Welt erschaffen hat. Denn wisse, ich bin Christus, dein König, dem du mit dieser Arbeit dienst. Und damit du siehst, daß ich die Wahrheit rede, so nimm deinen Stab, wann du wieder hinüber gegangen bist, und stecke ihn neben deiner Hütte in die Erde; so wird er des Morgens blühen und Frucht tragen.« Damit verschwand er vor seinen Augen. Christophorus aber ging hin und pflanzte seinen Stab in die Erde; und da er des Morgens aufstund, trug der Stab Blätter und Früchte als ein Palmenbaum.

Darnach kam Christophorus in die Stadt Samos im Lande Lycien. Und da er die Sprache des Landes nicht verstund, bat er den Herrn, daß er ihm verleihe, sie zu verstehen. Da er also im Gebet lag, ließen ihn die Richter liegen, denn sie meinten, er wäre unsinnig worden. Christophorus aber empfing, worum er hatte gebeten, und bedeckte sein Angesicht und kam zu dem Richtplatz, und stärkte die Christen, die da gepeinigt wurden, im Herrn. Und da ihn der Richter einer ins Auge schlug, entblößte er sein Antlitz und sprach: »Wäre ich nicht ein Christ, wahrlich ich wollte mich bald rächen.« Dann nahm er seinen Stab und steckte ihn in die Erde, und bat Gott, daß er ihn grünen ließe, damit das Volk davon würde bekehrt. Das geschah alsbald, und es wurden achttausend Menschen gläubig.

Da sandte der König zweihundert Kriegsknechte aus, sie sollten ihn greifen. Aber sie fanden ihn im Gebet, und wagte keiner, ihm dies zu sagen. Der König sandte abermals zweihundert, die beteten mit ihm, da sie ihn beten sahen. Christophorus erhub sich und sprach; »Wen suchet ihr?« Da sahen sie sein Angesicht und sprachen: »Der König sendet uns, daß wir dich gefesselt vor ihn bringen.« Sprach Christophorus: »Gefällt es mir, so mögt ihr mich weder los noch gebunden mit euch führen.« Da sprachen sie: »Willst du nicht, so gehe frei, wohin du willst: so werden wir dem Könige sagen, daß wir dich nirgends mochten finden.« Sprach Christophorus: »Das sei ferne, sondern ich will mit euch gehen.« Also bekehrte er sie zum Glauben und ließ sich von ihnen die Hände auf den Rücken binden und also gebunden vor den König führen.

Als der ihn aber erblickte, erschrak er, daß er von seinem Throne fiel. Seine Diener huben ihn wieder auf, und er fragte Christophorum nach seinem Namen und Vaterland. Christophorus antwortete: »Vor meiner Taufe war ich Rebrobus genannt, nun aber heiße ich Christophoris.« Der König sprach: »So hast du einen törichten Namen an dich genommen, den Namen des gekreuzigten Christus, der sich selbst nicht mochte helfen und auch dir nicht helfen wird. Nun aber, chananeischer Zauberer, warum opferst du unseren Göttern nicht?« Christophorus antwortete: »Wahrlich, du heißest mit Recht Dagnus, denn du bist der Tod der Welt, ein Geselle des Teufels; deine Götter aber sind von Menschenhänden gemacht.«

Sprach der König: »Du bist unter wilden Tieren auferzogen, darum magst du nichts anderes reden denn wilde Dinge, die den Menschen unbekannt sind. Willst du nun opfern, so will ich dir zu großen Ehren helfen; tust du es nicht, so sollst du sterben mit großer Pein.« Und da er nicht opfern wollte, ließ er ihn ins Gefängnis werfen; die Kriegsknechte aber, die Christophorus zum Glauben hatte bekehrt, die hieß er um Christi Namen enthaupten. Darnach ließ er zwei schöne Mägde zu Sanct Christophoro in den Kerker einschließen, die eine hieß Nicaea, die andere Aquilina; und gelobte ihnen großes Gut, so sie ihn zur Sünde möchten verleiten.

Als Christophorus das sah, gab er sich alsbald an sein Gebet. Die Mägde streichelten ihn mit ihren Händen und legten ihre Arme um ihn; da stund er auf und sprach zu ihnen: »Was sucht ihr, und warum seid ihr hierher kommen?« Da erschraken sie vor der Klarheit seines Angesichts und sprachen: »Erbarme dich unser, du Heiliger des Herrn, und mache, daß auch wir an deinen Gott glauben.« Als das der König vernahm, ließ er sie vor sich führen und sprach: »Also seid auch ihr verführet? Ich schwöre euch bei den Göttern: opfert ihr nicht, so sollt ihr eines bösen Todes sterben.« Sie antworteten: »Willst du, daß wir den Göttern opfern, so gebiete, daß man die Märkte säubere und alles Volk sich sammle in dem Tempel.«

Das geschah. Aber da sie in den Tempel traten, lösten sie ihre Gürtel, taten sie den Götterbildern um den Hals und rissen sie herab, daß sie zu Staub zerbrachen; und sprachen zu dem Volk: »Geht und holet Ärzte, daß sie eure Götter heilen.« Da gebot der König, dass man Aquilina aufhenke und einen schweren Stein an ihre Füße binde, also daß alle ihre Glieder zerzerret wurden. Als sie zum Herrn war gefahren, ward ihre Schwester Nicaea in ein Feuer geworfen, und als sie unversehrt daraus ging, schlug man ihr das Haupt ab. Darnach ward Christophorus vor den König geführt. Der ließ ihn mit eisernen Ruten schlagen und darnach einen glühenden Eisenhelm auf sein Haupt setzen, und ihn auf einen eisernen Schemel binden, darunter ein Feuer mit Pech entzündet ward. Aber der Schemel schmolz wie Wachs, und Christophorus stund unversehrt.

Darnach ward er an einen Pfahl gebunden, und vierhundert Kriegsknechte schossen mit Pfeilen auf ihn. Aber die Pfeile blie-

ben alle in der Luft stehen und mochte ihn keiner treffen. Der König vermeinte, er wäre von den Rittern getroffen, und wollte sein spotten; da fuhr der Pfeile einer herab aus der Luft, wandte sich und traf den König ins Auge, daß er erblindete. Da sprach Christophorus: »Morgen, o König, bin ich tot. Dann nimm von meinem Blut und mache einen Kot daraus und bestreiche damit dein Auge, so wirst du dein Gesicht wieder haben.« Also ward

Christophorus auf des Königs Gebot zum Tode geführt, und da er sein Gebet gesprochen hatte, ward ihm das Haupt abgeschlagen. Der König aber nahm ein weniges von seinem Blut, tat es auf sein Auge und sprach: »Im Namen Gottes und Sanct Christophori.« Da ward er alsbald gesund, und ward gläubig. Und gab das Gebot, wer Gott oder Sanct Christophorum lästere, der solle mit dem Schwert geschlagen werden.

Ambrosius (Bild vorherige Seite) sagt in seiner Praefatio über den Märtyrer: »Herr, du hast dem Christophorus soviel Kraft und Weisheit gegeben, daß er 48 000 Menschen von dem Irrglauben der Heiden zum Christenglauben brachte mit vielen Wundern. Nicaeam und Aquilinam, die lange Zeit der öffentlichen Unzucht hatten gedient, die brachte er wieder zur Reinigkeit, und lehrte sie die Märtyrerkrone empfahen. Im brennenden Scheiterhaufen auf dem eisernen Schemel fürchtete er die Glut nicht, und einen ganzen Tag lang vermochten die Kriegsknechte nicht, ihn mit Pfeilen zu durchbohren. Einer von den Pfeilen fuhr dem Henker ins Auge; aber das Blut des Heiligen, mit Erde vermischt, gab ihm das Licht wieder: und mit der leiblichen Blindheit wird auch die geistige von ihm genommen, denn er fand Gnade vor dir. Und der Heilige Geist ward seiner Bitte gewährt, dass er Krankheit und Siechtum vertreibe.«

Einstimmung auf die Begegnung mit Christophorus

Wir reden zwar viel über Standortbestimmung, doch gehen wir auch konsequent einen Weg, der es uns möglich macht, unseren derzeitigen Standort zu bestimmen? Die Begegnung mit Christophorus zeigt uns einen Weg, der für alle gangbar ist, denn jeder von uns trägt eine ungestillte Sehnsucht in sich, Gottes Nähe und Gottes Gegenwart zu erfahren. Um zur Mitte und damit zu Christus zu kommen, bedarf es vieler Ausschläge eines Pendels, Bewegungen nach rechts und links, bis wir lernen und es uns geschenkt wird, trotz äußerer Bewegung in uns zu ruhen. Christophorus scheut keine Mühe und keine Anstrengung, einen solchen Weg einer langen Wandlung zu gehen. Er, der vor seiner Begegnung »Rebrobus«, der Verdammte, hieß und einen Hundskopf trug, muss die Gabe, die ihm aufgegeben ist, erst langsam entdecken.

So versucht zum Beispiel der Einsiedler, zu dem Christophorus geführt wird, ihm das Fasten und das Gebet nahezubringen, so, wie er es an sich selbst als hilfreich erfährt. Doch dies ist für Christophorus nicht der richtige Weg. Mit der sogenannten Meditation oder Kontemplation kann er nichts anfangen, wohl aber mit einem praktischen Dienst, der darin besteht, Menschen von einem Ufer des Flusses zu dem anderen Ufer zu tragen. Beschaulich und zurückgezogen leben – das ist nichts für ihn, er braucht die Aktivität und damit ein handfestes Tun. Dieser Weg ist schwieriger als der kontemplative, denn er setzt Freude an der Arbeit voraus, Ausdauer und Einfachheit des Geistes, die darin besteht, dass man sich um den geistlichen Erfolg nicht kümmert und auch nicht auf ihn wartet. Es kommen Demut und Gehorsam hinzu wie auch die Freude, anderen zu dienen. Es ist alles in allem eine stetige Einübung in die ausnahmslose Hingabe.

Welcher Weg wird von uns erwartet? Welchen Weg erwartet Er von uns? Welchen Weg will Er uns zeigen? So vielfältig die Schöpfung mit ihren fast unendlichen Mannigfaltigkeiten ist, genauso viele Einstiegsmöglichkeiten und Wege gibt es, um die Mitte, ja, um Jesus Christus zu erfahren. Wenn es die eine Wahrheit ist, der sich alle Wege nähern, dann müssen sie sich auch mit fortschreitender Richtung immer ähnlicher werden, um sich dann im gemeinsamen Zentrum – das ist Jesus Christus – zu treffen. Wenn wir einen Weg gewählt haben, dann sollten wir auch dabei bleiben, denn wie viel vergeudete Zeit geht verloren, wenn wir immer wieder neu suchen und von einem zum anderen wechseln!

Selbst wenn andere einen besseren Weg zu Christus gefunden zu haben meinen, bleiben wir bei unserem. Wie schon erwähnt, erkennt der Einsiedler, dass Fasten und Beten Christophorus nicht entsprechen. Daher empfiehlt er ihm, selbstverständlich und geduldig einen reinen Dienst zu tun. Dieser Ort – so zeigt es vor allem auch das Bild von Dieric Bouts – wird zum Einbruch der absoluten Zukunft und der Transzendenz. In jedem von uns war oder ist jener unerlöste hundsköpfige Teil der Aggression, wie er durch Reprobus dargestellt wird. Dieser böse Kopf muss sich aber nicht verstecken, er darf leben und sich betätigen, denn nur so kann Wandlung gelingen. Ein Dienst in Liebe entspringt nicht aus Verklemmung, sondern nur aus freier Hingabe an die Bedürfnisse der jeweiligen Situation. Das Hundsköpfige muss in uns

angenommen werden, denn sonst beginnt es, sich in uns zu verbeißen und in anderen Menschen immer nur das Böse zu sehen.

Die Christophorus-Legende gibt uns Mut, das Hundsköpfige in uns ans Licht kommen zu lassen – vor allem, wenn am Ende der Mensch sensibel, gläubig und liebend ans Licht kommen soll. Dunkle Kräfte werden in uns gewandelt, wenn wir sie annehmen und über sie sprechen. Wenn wir uns für einen Weg entschieden haben, sollten wir auch in der Lage sein, Korrekturen zuzulassen, und Veränderungen annehmen.

Auf der griechischen Ikone (vorherige Seite) aus der ersten Hälfte des 18. Jahrhunderts ist »Christophoros kynakephalos«, der Hundsköpfige, zusammen mit »Stephanos« abgebildet. Christophorus hat voll Gnade und Kraft wie der Diakon Stephanus, der der erste christliche Blutzeuge war, Wunder und große Zeichen unter dem Volk gewirkt, bis auch er hingerichtet wurde. Stephanus trägt die Zeichen eines Diakons: die Tonsur, in der Rechten ein Weihrauchgefäß, in der Linken das Himmlische Jerusalem als Ziborium, eucharistisches Gefäß, und das Gewand eines Diakons. Wollte der Ikonenmaler zeigen, dass sich Reprobus innerlich bereits der Kirche nähert und dem Stephanus als Blutzeuge folgen wird?

I. Teil
Der lange Weg der Wandlung

Reprobus

Christophorus hieß vor seiner Begegnung mit Christus »Rebrobus« (der Verdammte), später »Reprobus«. Er stammte aus dem Volk der Chananaeer, und er soll hundsköpfig gewesen sein, von gewaltiger Statur und furchtbarem Aussehen. Nachdem er Christus auf seinen Schultern getragen hatte, wurde er Christ und Christophorus (Christusträger) genannt. Er trug Christus auf vielfache Weise: auf seinen Schultern, da er ihn über das Wasser brachte, in seinem Herzen, da er ihn lieb gewann, in seinem Geist, da er von ihm durchdrungen war, und in seinem Mund durch sein Bekenntnis und durch seine Predigten.

Als ich, selbst nach einem langen Weg der Wandlung, das große Geschenk der Priesterweihe im Dom zu Brixen annehmen durfte und in Bruneck Kooperator (Kaplan) war, fielen mir die vielen übergroßen Darstellungen von Christophorus an Kirchtürmen und Außenwänden von Kirchen auf. Als ich fragte, bekam ich als Antwort einen alten südtiroler Brauch: »Wenn man am Morgen Christophorus anschaut, wird man an diesem Tag nicht eines plötzlichen Todes sterben.« Hinter dieser Gebetsweise steckt die Angst, plötzlich und unerwartet, das heißt, ohne den Empfang der Sakramente sterben zu müssen und dann lange keine Erlösung zu erfahren.

Der Hundsköpfige, der Christophorus vor seiner Taufe war, kann nicht in rechter Weise sprechen; ihm müssen erst durch das Sakrament der Taufe und die entsprechende Zeremonie Mund und Ohren geöffnet werden. Christophorus hat die Begegnung mit Christus angenommen und sich wandeln lassen. Dadurch hat er ein menschliches Gesicht bekommen, Christus ähnlich, das bereits tief verborgen in seiner Seele ruhte. Der Seelenteil,

den man Anima nennt, ist der dem Christophorus noch fehlende Wesensgrund. Für eine Gott gemäße Entwicklung des Menschen müssen Animus und Anima zu gleichen Teilen ausgewogen zusammen kommen.

Reprobus stammte, wie schon gesagt wurde, aus dem Volk der Chananaeer, dem Land der Kynocephalen, der Hundsköpfigen. Er war bewusstseinsmäßig noch völlig unentwickelt, unwissend, kindlich und naiv, aber mit der richtigen Intuition ausgestattet. Und gerade sie bewirkte es, dass er das Land verließ. Reprobus fühlte das Gewicht des Fluches auf seinen Schultern und suchte die höchste Macht, um davon befreit zu werden.

Im Äthiopischen sollen einer alten Sage nach Kynocephale, menschliche Wesen mit einem Hundekopf, gelebt haben. Der Westen und die westlichen Kirchen konnten die Aussage durch eine Hundsköpfigkeit nicht verstehen. Menschenleiber mit Tierköpfen finden hier kein Verständnis. Daher gibt es in der westlichen Kirche auch kein Bild, auf dem ein Hundsköpfiger zu sehen ist. Ganz anders ist es in der griechischen und russischen Kirche, in denen Christophorus auf vielen Ikonen als Hundsköpfiger abgebildet ist. Oft wird er sogar mit herausgestreckter Zunge gezeigt, was das Wunder der Sprachbegabung zum Ausdruck bringen möchte.

Legende

Um die geschichtliche Persönlichkeit des Christophorus rankt sich die Legende, eine katechetische Aussage, die eine Glaubenswahrheit in erzählender Form darstellen möchte. Das Gedächtnis des Märtyrers Christophorus, einer der vierzehn Nothelfer, wurde nach dem alten Martyrologium Romanum am 25. Juli gefeiert. Der Name des Heiligen wurde an diesem Tag in allen heiligen Messen angerufen, um seine Hilfe zu erbitten. Doch durch die Neuordnung des römischen Generalkalenders, dessen Änderungen zum 1. Januar 1970 in Kraft traten, ordnete Papst Paul VI. die Entfernung der Gedenktage mehrerer Heiliger aus dem römischen Kalender an. Der entscheidende Punkt war und ist die Frage nach der Historizität. Da die Existenz des heiligen Christophorus nicht eindeutig geschichtlich nachzuweisen ist, wurde sein Name leider aus dem römischen Generalkalender gestrichen.

Wegen der großen und althergebrachten tief verankerten Verehrung des heiligen Christophorus blieb sein Gedenktag jedoch in vielen Eigenkalendern erhalten; so auch im Regionalkalender für den deutschen Sprachraum, wo am 24. Juli seiner in ganz besonderer Weise gedacht wird.

Wie wichtig Legenden für den gläubigen Christen sind, darf nicht unterschätzt werden, denn es heißt, in ihnen die Essenz des auf Christus ausgerichteten Lebens zu finden. Ein König hielt jeden Morgen eine Audienz ab. Die Königin und die Großen des Reiches waren anwesend. Und jeden Morgen überreichte der Großwesir dem König in feierlicher Geste einen Apfel.

So ging es bereits seit Jahren. Der König nahm den Apfel »dankbar« an und gab ihn weiter an seinen Diener, der den Apfel ungesehen in eine Dunkelkammer warf, wo bereits Hunderte von Äpfeln lagen – verfault und vertrocknet. Eines Tages, als alle wieder zur Audienz versammelt waren und der Großwesir gerade dem König den Apfel überreichte, riss sich das kleine Äffchen los, das die Königin immer an einer silbernen Kette führte, und biss in den Apfel.

Alle blickten gespannt auf das Äffchen und warteten, was geschehen würde. Der König sah als Erster und staunte nicht wenig,

dass sich ein kostbarer Edelstein in dem Apfel verbarg. Er unterbrach die Audienz und ging sofort mit seinen Dienern in die Apfelkammer. Zu ihrer großen Überraschung fanden sie unter jeder verfaulten oder vertrockneten Schale einen wertvollen Edelstein.

Wichtig ist vor allem, dass wir nicht an der Oberfläche bleiben, sondern tiefer in den Glauben durch Wissen und Erfahrung einsteigen. Es ist immer wieder ein Aufbrechen damit verbunden, um Wesentliches und Dauerhaftes zu finden. So ist das gesamte Leben des Christophorus eine einzige Suchbewegung auf Gott hin, wie wir es in der Bibel, den Heiligenleben und in den Legenden finden, die oftmals einen historischen Kern bekleiden. Diesen Kern bildet bei Christophorus die Wandlung ins Geistige. Er macht Grenzerfahrungen, und durch ihn bricht eine verborgene, aber alles tragende Dimension in die Welt und zu anderen.

Die Legende des heiligen Christophorus möchte ein Bild des wahren Christen malen, indem sie erzählt, wie es möglich ist, Christus durch den Strom der Zeit zu tragen. Eine weitere wichtige Aussage liegt der Legende zugrunde: Sie sagt aus, dass das Leben des Christophorus wie das eines jeden Menschen durchaus wandelbar ist, aber nicht zerstörbar.

Fast in jeder Kirche erfährt dieser Heilige eine tiefe Verehrung. Ab dem 5. Jahrhundert gab es auch die ersten Bischöfe, die den Namen Christophorus trugen. Im 13. Jahrhundert kam eine Bruderschaft auf, die sich Christophorus-Bruderschaft nannte und in vielen Ländern verbreitet war. Sie hatte es sich zur Aufgabe gemacht, auf Straßen zu helfen und Brücken vor Hochwasser zu schützen und sie instand zu halten, wenn sie beschädigt waren. Als Brücken-Heiliger und Patron der Schiffer, der Pilger und Reisenden wurde Christophorus bei allen gefährlichen Unternehmungen angerufen.

Sich auf die Suche begeben

Es ist anzunehmen, dass auf Reprobus ein großer Druck lastete, von dem er sich befreien wollte: vielleicht ein Fluch, der das ganze Volk der Hundsköpfigen heimsuchte. Obwohl er zu diesem Zeitpunkt noch nicht Christophorus hieß, so wollen wir ihn jetzt schon bei diesem Namen nennen. Obwohl er unwissend und naiv war, hatte er eine ausgeprägte Intuition, die ihn den rechten Weg führte und ihn spüren ließ, dass Aufbruch notwendig sei. Christophorus suchte intuitiv das Große, doch konnte er es nicht benennen. Er wusste, dass er dienen und für andere da sein wollte. Ganz langsam wird aus dem Horchen auf die innere Stimme zunächst einmal ein Ge-horchen und aus der Gabe einer guten Intuition eine Auf-gabe.

Christophorus steht am Beginn einer langen Pilgerschaft, die Ausdruck eines ständigen sich Lösens ist, damit Wandlung geschehen kann. Erinnert diese Situation nicht an den Segen Abrahams? *Der Herr sprach zu Abraham: Geh fort aus deinem Land, aus deiner Verwandtschaft und aus deinem Vaterhaus in das Land, das ich dir zeigen werde! Ich werde dich … segnen und deinen Namen groß machen. Ein Segen sollst du sein* (Genesis 12,1–2). Und erinnert dieser Aufbruch nicht an das Wort des heiligen Augustinus: »Unruhig ist unser Herz, bis es ruhet in dir«? Jeder von uns ist auf der Suche nach Heil, die sich oftmals in einer starken unerfüllten Sehnsucht verbirgt.

Ohne es zu wissen, ist Christophorus bereits auf dem Weg, um Raum für eine Gottesbegegnung zu schaffen. Für ihn beginnen jetzt die Menschwerdung und die Christwerdung.

Der Weg nach oben

Als einst Christophorus vor dem König seines Volkes, der Chananaeer, stand, kam ihm in den Sinn oder, besser gesagt, spürte er den Impuls, den mächtigsten König aufzusuchen und bei ihm zu bleiben. Der eigene König war ihm nicht groß und mächtig genug, um ihm zu dienen und von ihm zu lernen.

Christophorus, der unbewusst damit begann, sich die Frage nach dem Sinn des Lebens zu stellen, spürte, dass für sein Leben etwas Wesentliches zu finden sei. Ohne es nennen zu können, ahnte er eine heile Befindlichkeit, einen Zustand ohne den schweren belastenden Druck, der auf ihm ruhte. Ein Aufbruch hat sich in ihm kundgetan, in dem der Sinn von gestern heute bereits nach einem tieferen Sinn ruft.

Im Volk der Chananaeer zu leben, war für Christophorus nicht das Wahre; sich mit dem Nächstbesten zufriedenzugeben, konnte er nicht. So verließ er den König und das eigene Volk. Dieser Aufbruch in eine höhere Dimension des Lebens gelang ihm und die Suche nach dem, was trägt, hatte Erfolg, weil er immer wieder in sich hineinspürte, um den Willen Gottes durchscheinen zu lassen. Ohne sich selbst im Klaren darüber zu sein, ließ er sich von Gott senden.

Trotz seiner Hundsköpfigkeit, all der Schatten, die auf seiner Seele lasteten, wagte er sich hinaus in die Welt. Wenn man alte und verhärtete Strukturen und Gewohnheiten loslässt, ist man in der Lage, Grenzen, die bisher unüberbrückbar schienen, zu überschreiten.

Wenn allerdings das Ich-Bewusstsein zu stark ist und nur eigene Stärke vorherrscht, wird sich kein Raum für Gotteserfahrung auftun, und es wird sich auch kaum einer entwickeln. Trotz seiner überragenden Größe und Stärke brüstete sich Christophorus nicht damit, sondern wusste, dass wahre Größe und wahrer Friede etwas Innerliches sind, das Zeit zur Wandlung und Reifung bedarf. Ihm war unbewusst klar, dass dazu Demut und Bereitschaft zum Dienen gehören.

Im Dienst des größten Königs der Welt

Nach langem Suchen und Fragen kam Christophorus endlich zu einem großen König, von dem gesagt wurde, dass es keinen größeren Fürsten in der Welt gebe. Der König nahm das Hilfsangebot mit Freuden an und bat Christophorus, bei ihm am Hof zu bleiben. Dieser verrichtete tagaus und tagein treu seinen Dienst, bis sich etwas Unvorhergesehenes ereignete. Ein Spielmann kam an den Hof, um vor dem König zu singen. In einem seiner Lieder wurde der Name des Teufels oftmals genannt. Der König, der ein Christ war, machte jedes Mal ein Kreuzzeichen, wenn der Name des Teufels genannt wurde. Als Christophorus das sah, verwunderte er sich, doch vermochte er das Zeichen nicht zu deuten. Er fragte den König, doch dieser wollte es ihm nicht sagen.

Christophorus zwang seinen Herrn, indem er sagte: »Sagst du es mir nicht, so bleibe ich nicht länger bei dir.« Dann entgegnete ihm der König: »Wenn ich das Wort ›Teufel‹ höre, segne ich mich mit diesem Zeichen, denn ich fürchte, dass er sonst Gewalt

über mich gewinnt und mir schadet.« Christophorus antwortete: »Wenn du den Teufel fürchtest, dass er Gewalt über dich gewinne, so zeigt sich, dass er größer und mächtiger ist als du, da du solche Angst vor ihm hast. So bin ich also in meiner Hoffnung betrogen, da ich glaubte, den mächtigsten Herrn der Welt gefunden zu haben. Doch nun leb wohl, denn ich will den Teufel selbst suchen, damit er mein Herr sei und ich sein Diener.« Somit verließ Christophorus den König und machte sich auf den Weg, den Teufel zu suchen.

Das Tun am Hof des Königs bestand aus dienender alltäglicher Arbeit. Und gerade in diesem mühseligen Alltagsdienst begegnet Christophorus etwas Unerwartetes, das ihn weiterführt. Vielen ist das auf dem Weg der Sinnsuche des Lebens zu wenig, und es geht ihnen entschieden zu langsam. Aber auch hier, im Bereich des Aktivseins, kann ein solcher Ort zu einem Ort der Transzendenz werden, zu einem vertikalen Einbruch, wie ihn Christophorus immer wieder erfuhr. Er war durchaus in der Lage, Fehler einzugestehen und neue Prioritäten zu setzen; er hatte die Gabe, nicht aufzugeben, sondern zu warten. Er verlor das Ziel nicht, das er vor Augen hatte, sondern hielt durch, machte weiter und ließ nicht locker. Eine wesentliche und neue Erfahrung war für Christophorus die Erkenntnis, dass gerade der größte König der Welt, der Mächtigste, Angst hatte.

Zusammen mit Christophorus wird auch der Leser an eigene Grenzen geführt und darf erfahren, dass es Mut machende Wege gibt, sie zu überschreiten.

Dem Bösen dienen

Nach der Erkenntnis, dass es außer dem größten König der Welt noch jemanden gibt, der größer und mächtiger ist als dieser, machte sich Christophorus erneut auf die Suche, um diesen zu finden. »Er soll mein Herr sein und ich sein Diener«, sagte er sich. Der Weg war lang und es war nicht einfach, den Gesuchten zu finden. Als Christophorus eines Tages in eine Einöde kam, sah er eine große Schar Ritter. Ausgerechnet der, der am wildesten

und schrecklichsten aussah, kam zu Christophorus und fragte ihn, wohin er gehe. Dieser antwortete: »Ich suche den Herrn, der sich Teufel nennt, denn ich wäre gern sein Knecht.«

Da sagte der Ritter: »Ich bin der, den du suchst.« Christophorus freute sich darüber und gelobte ihm seinen Dienst für ewige Zeiten und nahm ihn zu seinem Herrn.

Die Zeit ging dahin. Als sie einmal wieder unterwegs waren, kamen sie auf eine Straße, auf der ein Wegkreuz aufgestellt war. Der Teufel sah das Kreuz und floh voll Furcht, indem er die Straße verließ und Christophorus auf einen verwilderten Nebenweg führte, der später wieder in die Straße mündete. Christophorus wunderte sich über die Flucht und fragte den Teufel, warum er den geraden Weg verlassen und diesen Umweg genommen habe. Dieser gab jedoch keine Antwort. Da sagte Christophorus: »Wenn du mir keine Antwort gibst, gehe ich von dir.« Damit zwang er den Teufel zu reden: »Es gab einen Menschen – sein Name ist Christus –, den man ans Kreuz geschlagen hat. Immer wenn ich dieses Kreuz sehe, man hat es ihm zur Erinnerung häufig aufgestellt, fürchte ich mich und muss fliehen.«

Da sagte Christophorus: »So ist dieser Christus größer und mächtiger als du, da du sein Zeichen so sehr fürchtest? Also war meine ganze Mühe umsonst, und ich habe den größten Fürsten der Welt noch nicht gefunden. Lebe wohl, denn ich will gehen und Christus suchen.«

Eine solche Erkenntnis, dem Bösen nicht mehr zu dienen, ist dem Luftwaffengeneral Harras nicht gekommen. Ich denke an den mehrfach ausgezeichneten Film »Des Teufels General« mit Curd Jürgens, der 1955 von Helmut Käutner nach dem gleichnamigen Drama von Carl Zuckmayer gedreht wurde. Die Handlung spielt 1941, mitten im Krieg. Der Luftwaffengeneral Harras besteht darauf, seinen fatalen Pakt mit dem Teufel bis zum bitteren Ende durchhalten zu müssen.

Christophorus erkannte nicht nur, dass den Teufel dunkle Motive antrieben, sondern er zog auch aus dieser Erkenntnis die Konsequenz, ihm nicht länger zu dienen, sondern ihn sofort zu verlassen. Um diesen Schritt zu tun, sind Erkenntnis und Einsicht notwendig, dass ich dem Dunklen diene. Aber oft stehen Ehrgeiz, Machtgier und Überheblichkeit dahinter, die mich nicht den wahren Hintergrund erkennen lassen. Oft ist es leider so: Je höher jemand aufsteigt, umso blinder kann er eventuell sein, und die Ziele, die er hat, werden dann sehr fragwürdig.

Auf der Suche nach Christus: der Einsiedler

Christophorus suchte lange Zeit nach jemandem, der ihm von Christus berichten könnte. Viele Begegnungen aber führten ihn nicht weiter. Zuletzt kam er zu einem Einsiedler, der ihm viel von Christus erzählen konnte und ihn im Glauben unterwies. Dieser sagte zu Christophorus: »Der König, dem du dienen willst, möchte, dass du viel fastest.« Da antwortete Christophorus: »Er fordere von mir etwas anderes, denn fasten vermag ich nicht.« Darauf entgegnete der Einsiedler: »Es ist aber notwendig, dass du

viel zu ihm betest.« Christophorus gab zur Antwort: »Ich weiß nicht, was das ist, darum kann ich ihm darin nicht folgen.«

Da sprach der Einsiedler: »Kennst du den Fluss, in dem viele Menschen ertrinken, wenn sie ihn überqueren wollen?« Christophorus: »Ja, ich kenne ihn.« Darauf sagte der Einsiedler: »Du bist groß und von gewaltiger Stärke. Baue dir am Ufer eine Hütte und trage die Menschen hinüber. Das wird Christus, deinem König, gefallen, dem du dienen möchtest. Ich bin davon überzeugt, dass er sich dir dort offenbaren wird.« Freudig antwortete Christophorus: »Das vermag ich wohl, und ich will ihm hierin gern dienen.« So ging Christophorus also an den Fluss und baute sich am Ufer eine Hütte. Er suchte sich einen stabilen Stab, um sich beim Überqueren des Flusses darauf zu stützen und besseren Halt zu haben. Ohne Unterlass trug er jeden Menschen, der an das andere Ufer wollte, hinüber.

Der Einsiedler, der die ernsthafte Suche nach dem größten König bei Christophorus sofort erkannte, versuchte ihm Christus durch Glaubensgespräche, durch Fasten und Gebet näherzubringen: Glaubenswege, die er selbst, seit er in die Einsamkeit ging, täglich und regelmäßig beschritt. Der Einsiedler ist ein um die verborgenen Wahrheiten Wissender, der anders lebt als die meisten Menschen. Er gewinnt sein Wissen durch Stille und Gebet, nicht durch Kopfarbeit und auch nicht durch seinen Verstand. Wenn man einen kontemplativen Weg für sich selbst sucht, ist es ratsam, sich an einen Gott nahen Menschen zu wenden, der bereit ist, uns einen adäquaten Weg zu zeigen und zu führen. Er weiß um die guten teils noch verborgenen Kräfte im Menschen; er weiß, wie man sie freilegt und zugänglich macht.

Für Christophorus beginnt jetzt der Weg nach innen – nicht durch lange religiöse Gespräche, sondern durch einen konkreten

Dienst am Menschen. Zum Fasten und Beten – das musste der Einsiedler erkennen – war er unfähig. Jeder, so auch Christophorus, braucht jemanden, der einem den Weg zeigt und von dem man sich auch etwas sagen lässt, der Mut macht, wenn man aufgeben möchte, und uns lehrt, warten zu können. Im Einsiedler hat Christophorus diesen Menschen gefunden, dem er sich stellt und von dem er sich in Dienst nehmen lässt. Christophorus, der mehrmals erfahren hat, dass gerade die Mächtigsten Angst haben, quittierte den Dienst bei ihnen und diente jedem, der den Fluss überqueren wollte.

Seine Kontemplation ist Alltagsdienst, und gerade darin besteht für ihn die christliche Reifung und die sich langsam entwickelnde österliche Verwandlung. In der freundlichen Begegnung mit allen Hilfe suchenden Menschen wird nicht eine Begegnung mit dem Größten, sondern mit dem »Kleinsten« vorbereitet. »Alles wirkliche Leben«, so sagt Martin Buber, »ist Begegnung.« Wie schmerzlich es ist, zu suchen, aber nicht zu finden, zeigt seine chassidische Geschichte »Das Versteckspiel«.

»Rabbi Baruchs Enkel, der Knabe Jechiel, spielte einst mit einem anderen Knaben Verstecken. Er verbarg sich gut und wartete, dass ihn sein Gefährte suche. Als er lange gewartet hatte, kam er aus dem Versteck; aber der andere war nirgends zu sehen. Nun merkte Jechiel, dass jener ihn von Anfang an nicht gesucht hatte. Darüber musste er weinen, kam weinend in die Stube seines Großvaters gelaufen und beklagte sich über den bösen Spielgenossen. Da flossen Rabbi Baruch die Augen über, und er sagte: ›So spricht Gott auch: Ich verberge mich, aber keiner will mich suchen.‹«

Christophorus gewinnt, indem er die Menschen von einem Ufer zum anderen trägt, immer mehr Stand im Strom des Lebens. Er erlebt Menschen an Grenzübergängen von einem Bereich des Lebens zu einem anderen. In seiner Offenheit für die Wirklichkeit wird er selbst bereits zu einem Ort der Transzendenz. In der Zeit des Wartens und Dienens verliert für ihn bisher Wichtiges an Bedeutung. Seine Kraft steht nun nicht mehr im Dienst der Großen und Mächtigen, sondern der Kleinen und Bedürftigen. Sein Fortschritt besteht darin, dass er auf der Suche nach dem Großen zum Kleinen geführt wird.

Christophorus möchte einzig und allein Christus finden, und es interessiert ihn nicht mehr die Macht der Mächtigen, die ihn mit ihrer Angst enttäuscht haben. Er versteht es zu warten, bis einmal sein Weg des unermüdlichen Dienens durchkreuzt wird. Vielleicht stellt er sich die Frage, ob wohl noch etwas Überraschendes in seinem Leben eintritt. Doch vorerst wird er den Menschen, die unterwegs sind, zur Stütze und Brücke, damit sie ihren Weg fortsetzen können. Vielleicht stellt er sich auch die Frage: »Wo ist bei dem, was ich tue, Christus?« Trotz der Fluten der täglichen Mühen bleibt er standhaft und lässt sich nicht aus der Bahn werfen. Den größten König der Welt und den Teufel hat er gelassen, weil er erkannt hat, dass er durch sie in eine falsche Richtung geführt wird. Vorher für ihn Wichtiges hat er gelassen, und macht jetzt die neue Erfahrung, ganz nach unten geführt zu werden.

Durch Stille und Warten wird Christophorus wie Mose am Dornbusch und Elija am Berg Horeb für die Gottesbegegnung vorbereitet. Ihm bleibt dabei nicht erspart, die Last, die andere

M†S

für ihn sind, zu tragen. Wer Gott sucht, findet ihn im Dienst an den Menschen. Ist nicht das Leben eine einzige Suchbewegung auf Gott hin? An einem Übergang soll Christophorus auf Christus warten. Übergänge von Lebensabschnitten haben immer eine ganz besondere Bedeutung und bieten die Chance, dass sich das Leben zum Besseren hin wandelt. Christophorus erzählt die Geschichte eines Weges, eines langen Weges der Wandlung.

Die Geschichte des Christophorus baut – ohne dass der Leser es vielleicht bemerkt – eine unbewusste Spannung auf, die immer wieder aus Gegensätzen besteht: der Hundsköpfige und das menschliche Gesicht, Fasten und Beten steht dem caritativen Dienst gegenüber, so auch Grenzen und Grenzenloses, Verborgenes und sich Offenbarendes, Suche nach Großem und Finden des Kleinen. Bei der späteren Bildbetrachtung werden diese Gegensätze noch deutlicher.

Ruf in der Nacht

Die Zeit verging, und als Christophorus einmal in seiner Hütte ruhte, hörte er, wie die Stimme eines Kindes rief: »Christophorus, komm heraus und bring mich über den Fluss.« Er stand auf und lief hinaus, konnte aber niemanden finden; also ging er wieder in seine Hütte. Da hörte er die Stimme abermals. Er ging wieder hinaus und fand niemanden. Danach hörte er wie zuvor die Stimme zum dritten Mal. Als er hinausging, fand er ein Kind am Ufer, das bat ihn inständig, es über den Fluss zu tragen.

Das Gedicht »Sankt Christofferus« von Rainer Maria Rilke endet mit den Worten:

Da ist doch keiner, oder bin ich blind?
warf er sich vor und ging noch einmal schlafen,
bis ihn dieselben Laute zwingend lind
noch einmal im verdeckten Innern trafen:
Er kam gewaltig: draußen war ein Kind.

Wenn die Stimmen des Tages aufhören, werden innere Stimmen wach und möchten uns etwas sagen: Es sind Bilder, Träume, Erinnerungen … Wir sollten sie nicht unbedingt abtun, sondern sie zumindest erwägen. Dazu gehören auch Wahrheiten, die aus dem Mund der Kinder kommen. Doch wie oft denken wir und bleiben passiv: »Das ist ja nur ein Traum« oder »Das ist ja nur ein Kind!« Im Märchen von Hans Christian Andersen »Des Kaisers neue Kleider« lässt sich der Kaiser die herrlichsten Kleider aufschwatzen, die nur aus bezaubernden Worten bestehen. Das Volk huldigt ihm, während er sie vorführt. Keine von des Kaisers Kleidern werden so bewundert wie diese, denn keiner will sich die Blöße geben, zu sagen, was er wirklich sieht. Dann ruft ein Kind in die Menge hinein: »Aber er hat ja gar nichts an!« Wir sollten durchaus einem Kind zutrauen, dass es die Wahrheit sagt, und es nicht als Täuschung abtun, der wir oftmals eher erliegen.

Christophorus macht jetzt, als er in der Nacht drei Mal die Stimme eines Kindes hört, die Erfahrung einer anderen Wirklichkeit, auf die Jesus in der Heiligen Schrift immer wieder hinweist, wenn er von Kindern spricht und sie sogar in den Mittelpunkt des Geschehens stellt. Christophorus, der hellhöriger geworden ist, nimmt in der Nacht die Stimme eines Kindes wahr, das drei Mal nach ihm ruft. Er nimmt sie genauso ernst wie die Stimme eines Erwachsenen und steht auf, um zu sehen, was man von ihm möchte. Gottes Ruf ist leise und zart, fast unhörbar. Die Stimme

in der Nacht kann durchaus die innere Stimme der Wahrheit sein, Gottes Ruf an uns, den wir durch unsere Intuition oder gar durch unseren Intellekt empfangen. Auf jeden Fall sollten wir ihn wahrnehmen und ihm nachgehen.

Im Alten Testament beginnt die Berufung Samuels, wie auch bei Christophorus, mit einem dreimaligen Rufen des Herrn. Samuel schläft in der Nacht im Tempel. Christophorus, der an der Schwelle steht, ein Christ zu werden, ruht in seiner selbst gezimmerten Hütte am Fluss. Beide, Samuel und Christophorus, werden in der Nacht drei Mal vom Herrn gerufen. Beide suchen zunächst in der falschen Richtung und finden den nicht, der sie ruft. Beide stehen immer wieder auf, wenn der Ruf an sie ergeht. *Der junge Samuel versah den Dienst des Herrn unter Aufsicht Elis. In jenen Tagen waren Worte des Herrn selten … Die Lampe Gottes war noch nicht erloschen … Da rief der Herr den Samuel wieder, zum dritten Mal* (1 Samuel 3,1.3.8).

Samuel versteht, wer ihn gerufen hat, und antwortet mit dem ergreifenden Wort: *Rede, denn dein Diener hört* (1 Samuel 3,10).

Nach dreimaligem Ruf findet Christophorus schließlich einen Knaben, der über den Fluss getragen werden möchte. Er nimmt sich seiner an, setzt ihn auf seine Schultern und beginnt, ihn durch den Fluss zu tragen.

Das Kind

Christophorus, der ein Kind am Ufer fand, das ihn bat, über den Fluss getragen zu werden, nahm das Kind auf seine Schulter, ergriff seinen Stab und ging ins Wasser. Das Wasser stieg höher und höher und das Kind wurde so schwer wie Blei. Je weiter Christophorus schritt, desto höher stieg das Wasser, und schwerer und schwerer wurde das Kind auf seinen Schultern. Er bekam große Angst und fürchtete, zu ertrinken.

Als Christophorus dem Ruf nachging, fand er etwas Schwaches, Kleines und fast Ohnmächtiges: ein Kind. Es bedeutete für ihn die Begegnung mit einer anderen Wirklichkeit, als er gewohnt war. Paradoxerweise offenbarte sich ihm in diesem Kind das Stärkste, der Stärkste und Mächtigste, und das ist Gott. Das Kind war anfangs – wie alle Kinder – leicht zu tragen, doch dann wurde es auf seinen Schultern Schritt für Schritt immer schwerer. Aus dem Christkind wurde Christus, der Herr, der Christophorus in seine Nachfolge ruft. Christophorus, der die Angst der Mächtigen erlebte, erfuhr jetzt in diesem Augenblick die überaus große Macht, die von der Ohnmacht dieses Kindes ausging. Diese Ohnmacht ist letztlich nichts anderes als Liebe.

Christophorus machte die Erfahrung, dass die Kraft und die Macht in der Schwachheit liegen, dass das Kleinsein und das Großsein geheimnisvoll vereint sind. Doch zunächst herrscht bei

ihm die Angst, unterzugehen. Das Tragen eines Kindes wurde für ihn zur Tragik. Das Wasser stand ihm bis zum Hals und er wird sich in dieser niedergedrückten verzweifelten Situation gesagt haben: »Ich schaffe es nicht, ich gehe unter!«

Nicht selten geraten Menschen in eine ähnliche Situation, die zu einer schweren Depression führt, wenn sie andauert und sich nicht kurzfristig wandelt. Zum Glück gibt es heute hervorragende ärztliche Erkenntnisse, Diagnosen und Therapien, die verzweifelten Menschen helfen, zu einer ausgewogenen gesunden Mitte zu kommen oder sie wiederzufinden. Übergänge des Lebens, wie die Arbeit des Christophorus am Fluss zeigt, wenn er Menschen von einem Ufer zum anderen trägt, werden zu Orten der Transzendenz-Erfahrung, ja, der Gottesbegegnung.

Dieser großen Chance, Gott zu begegnen, steht die Erfahrung gegenüber, dass sich auch dämonische Kräfte an diesen Lebensübergängen sammeln und äußere und innere Verwüstungen anrichten können. Die Christophorus-Geschichte lässt diese Möglichkeit außer Acht und macht dem Leser Mut, durchzuhalten und sich auf eigene Beine zu stellen, um einen festen Stand im Strom des Lebens einzunehmen. In jedem Fall aber ist es notwendig, einen geistlichen Begleiter an seiner Seite zu haben, der uns sagt, wie wir mit der bedrückenden Last am besten umgehen können.

Die Last, die Christophorus mit dem Hinübertragen des Kindes auf sich genommen hat, ist ein Bild für menschliches Leben, das uns vom diesseitigen Ufer zum Ufer der jenseitigen Welt führt. Je tiefer das Wasser wird, umso schwerer wird auch die Last. Auch diejenigen – zu ihnen gehört auch Christophorus –, die glauben, stark zu sein, erfahren irgendwann einmal ihre eigene Schwäche. Das ist gut so, denn wenn nur eigene Stärke vorherrscht, bleibt kein Raum für Gotteserfahrung. Anfangs ist es leicht, Christ zu sein, doch wenn aus dem Christkind der Herr hervorgeht, der uns in seine Nachfolge ruft und uns ein Kreuz auflegt, dann können wir es nicht einfach auf die leichte Schulter nehmen.

Wird der Weg schwerer, so dürfen wir nicht daraus schließen, dass es der falsche Weg ist. Wenn uns Dunkelheit begleitet oder uns das Wasser bis zum Hals steht, sollten wir nicht versuchen, die Last abzuschütteln, sondern sie annehmen in der berechtigten

Hoffnung, dass sie uns Wandlung zum Besseren schenkt. »Man wandelt nur das, was man annimmt« (C. G. Jung). Gott führt, und das ist unabänderlich, in die Tiefe. Das Bild des Christophorus, der unter Wasser gedrückt wird und Tiefen- und Todeserfahrungen macht, spiegelt dies wider. Hinter allem steht Gott, der uns an unsere Grenzen führt, damit der »alte Adam« in uns stirbt. Da Jesus Christus uns niemals verlässt, ist er auch bei uns, wenn alles über uns zusammenzubrechen scheint. Ja, er wartet sehnsüchtig darauf, uns den Schatten des Todes zu entreißen und uns in seine Auferstehung zu ziehen. Augustinus sagt: »Die Sehnsucht Gottes ist der Mensch.«

Aus den Tiefen rufe ich, Herr, zu dir:
Mein Herr, höre doch meine Stimme!
Lass deine Ohren achten
auf mein Flehen um Gnade.
(Psalm 130,1–2)

Christusträger

Als Christophorus unter großen Mühen und mit letzter Anstrengung den Fluss durchschritten hatte, setzte er das Kind am anderen Ufer ab und sagte zu ihm: »Du hast mich in große Lebensgefahr gebracht, Kind. Auf meinen Schultern bist du so schwer gewesen; hätte ich die ganze Welt auf mir gehabt, sie wäre nicht schwerer gewesen.« Das Kind antwortete: »Darüber brauchst du dich nicht zu wundern, Christophorus, du hast nicht allein die ganze Welt auf deinen Schultern getragen, sondern auch den, der die Welt erschaffen hat.

Denn wisse, ich bin Christus, dein König, dem du mit dieser Arbeit dienst. Und damit du siehst, dass ich die Wahrheit rede, nimm deinen Stab, wenn du wieder hinübergegangen bist, und stecke ihn neben deiner Hütte in die Erde. So wird er am nächsten Morgen blühen und Frucht tragen.« Damit verschwand er vor seinen Augen. Christophorus aber ging hin und pflanzte seinen Stab in die Erde. Und als er des Morgens aufstand, trug der Stab Blätter und Früchte gleich einem Palmenbaum.

Bis zur Begegnung mit Christus hieß Christophorus Reprobus, der Verdammte, der einen Hundskopf trug. Durch die beiden Sakramente, die er empfing – die Taufe durch das Untertauchen im Wasser und die Kommunion durch die Begegnung mit Christus –, wurde ihm ein menschliches Aussehen geschenkt und der Name Christophorus, der Christusträger. Ein menschliches Gesicht zu bekommen, bedeutet, Christus ähnlich zu werden. Es begann ein neues Leben für ihn mit festem Boden unter den Füßen, mit einem neuen christlichen Namen und einem Auftrag, von Christus zu künden.

Immer, wenn er von Christus sprach, nahm er als Beweis seines christlichen Auftrags seinen Stab zur Hand, steckte ihn in die Erde und ließ ihn grünen, blühen und Frucht tragen. Der Stab war für Christophorus Halt und Stütze und gleichzeitig wurde er zum Beweis der Glaubenswahrheit, die er verkündete. Der Stab ist Symbol des Wanderers, der unterwegs ist, um seinen Auftrag zu erfüllen. Der Stab mahnt ihn, nicht stehen zu bleiben – auch nicht zu lange auf eigenen Standpunkten –, sondern den Weg fortzusetzen. Der Weg führt zu immer Größerem, zum Sinn des Lebens und letztlich zu Gott. So wird der Stab, der erblüht, auch zu einem Symbol für das Wort Gottes.

1521

Auch wenn ich gehe im finsteren Tal,
ich fürchte kein Unheil;
denn du bist bei mir,
dein Stock und dein Stab, sie trösten mich.
(Psalm 23,4)

Walter Kettler schreibt: »Wie Christophorus in der Dunkelheit des Waldes und dann in der Dunkelheit der Nacht den Weg weiterging und ihm dann erst die leuchtende Zukunft geschenkt wurde, so musste das Vor-Bild dies alles leiden, und dann erst wurde er in die Herrlichkeit hineingenommen.«

Christophorus trug Christus weiter in die Welt hinein und nahm seinetwegen viele Gefahren und Entbehrungen auf sich. Da stellt sich auch uns zwischendurch eine wichtige Frage: Tragen wir Christus weiter, wenn wir ihn in der heiligen Kommunion empfangen haben? Jesus wird oft auf dem Arm der Mutter, aber auch als Auferstandener auf dem göttlichen Thron sitzend mit der Weltkugel in der Hand dargestellt. Ja, er trägt das Weltall durch sein mächtiges Wort. In der Tiefe erschließt sich das Geheimnis Christi: Selbst wenn wir schwer an der Welt zu tragen haben und an der Schuld der Welt mittragen müssen, so ist es doch Christus, der die Welt trägt und somit auch mich. Der Christusträger, der auch wir sind in der Begegnung mit Christus, nach dem Empfang der Kommunion, darf erfahren, dass er selbst getragen wird. Christophorus, der so lange gesucht hat, fand durch die Begegnung mit Christus und seine Bereitschaft, ihn durch die Gefahren des Flusses zu tragen, das Leben, das er unbewusst von Anfang an gesucht hat.

Jetzt beginnt der Märtyrerteil der Legende, der allerdings in Vergessenheit geriet. Der Gottesträger aber blieb in der Andacht des Volkes, der Dichter und Künstler. Somit endete die Legende mit der Begegnung des Reprobus mit Jesus Christus und dem ersten Erblühen seines Wanderstabes. Ein Ring der Sehnsucht schließt sich. Augustinus sagt von Gott: »Die Sehnsucht Gottes ist der Mensch.« Und vom Menschen sagt er: »Unruhig ist unser Herz bis es ruhet in dir.« Christophorus, der den Herrn suchte, hat ihn gefunden, und der Herr, der ihn an sich gezogen hat, wohnt nun in seinem Inneren.

Dem Leser soll jedoch in diesem begonnenen Rhythmus die Legende kurz gefasst zu Ende erzählt werden.

Nach der Begegnung mit Christus machte sich Christophorus als Missionar auf den Weg, um von Christus Zeugnis zu geben. Er kam in die Stadt Samos im Land Lykien. Lykien ist eine antike griechische Bezeichnung einer Landschaft im Südwesten Kleinasiens. Christophorus bat den Herrn, ihn die Sprache des Landes verstehen zu lassen, und er wurde erhört. So konnte er die dortigen Christen, die verfolgt wurden, stärken und ihnen Trost und Hoffnung geben. Andererseits predigte er dem Volk und konnte durch das Zeichen seines erblühenden Stabes viele Menschen zum Christentum bekehren. Christophorus betete viel, und immer wenn der König Soldaten aussandte, um ihn zu ergreifen, fanden sie ihn im Gebet. Es geschah sogar, dass die Soldaten mitbeteten. Anschließend ließ sich Christophorus freiwillig mit gebundenen Händen vor den König führen, der verlangte, dass er den Göttern opfere. Da Christophorus sich jedoch nicht von Christus lossagen wollte, wurde er ins Gefängnis geworfen.

Zwei Dirnen sollten ihn zur Sünde verführen, doch Christophorus betete zu Christus und vermochte es, sie zu bekehren. Daraufhin ließ der König sie foltern, und sie starben den Märtyrertod. Auch Christophorus musste grausame Folterungen über sich ergehen lassen, doch blieb er unversehrt. Aus Versehen traf einer der Pfeile, die auf Christophorus gerichtet waren, in das Auge des Königs und ließ ihn erblinden. Da sagte Christophorus zu ihm: »Morgen bin ich tot. Dann nimm von meinem Blut und bestreiche damit dein Auge und du wirst dein Augenlicht wiederbekommen.« Tatsächlich wurde anderen Tags Christophorus – nachdem er gebetet hatte – enthauptet.

Der König wurde nicht nur äußerlich gesund, sondern auch innerlich sehend und vor allem gläubig. Er ließ im Namen Gottes ausrufen: »Wer Gott oder Sankt Christophorus lästert, der soll mit dem Schwert geschlagen werden.«

Am Ende der »Legenda aurea« zitiert Jacobus de Voragine den Kirchenlehrer Ambrosius von Mailand, der in seiner Praefatio betet: »Herr, du hast dem Christophorus viel Kraft und Weisheit gegeben, dass er mit vielen Wundern eine große Zahl von Menschen zum christlichen Glauben führte … Das Blut des Heiligen, mit Erde vermischt, gab dem König das Licht wieder; und mit der leiblichen Blindheit wurde auch die geistige Blindheit von ihm genommen, denn er fand Gnade vor dir.«

IC XC
HL.
CHRISTOPHORUS

II. Teil
Ein Bild vertieft die Worte

Flügelaltar »Perle von Brabant«

Der Name »Perle von Brabant« soll die kostbare Gesamtwirkung des Flügelaltars zum Ausdruck bringen, den der niederländische Maler Dieric Bouts d. Ä. malte. Der kleinförmige Flügelaltar, der zwischen 1467 und 1468 entstand, wurde aller Wahrscheinlichkeit nach zur privaten Andacht genutzt. Das Tryptichon aus Eichenholz stellt im Mittelteil die Anbetung der Heiligen Drei Könige (63 cm × 62 cm) dar, auf dem linken Flügel Johannes den Täufer (63 cm × 28 cm) und auf dem rechten Flügel den heiligen Christophorus (63 cm × 28 cm).

Die stimmungsvolle Schilderung der Tagzeiten auf den beiden Flügeln rahmt den Mittelteil, die Anbetung der drei heiligen Könige, ein. Der Betrachter erlebt auf dem linken Flügel mit Johannes dem Täufer das aufstrahlende Morgenlicht und auf dem

rechten Flügel mit dem heiligen Christophorus das Abendlicht mit der untergehenden Sonne.

Der Meister der »Perle von Brabant«, Dieric Bouts d. Ä., wurde zwischen 1410 und 1420 in Haarlem geboren. Kennzeichnend für seine Gemälde sind die Ausbildung der Raumgestaltung aufgrund von Perspektivstudien und die Leuchtkraft der Farben. Seit Mitte der Vierzigerjahre war er in Löwen ansässig, wo er 1468 zum Stadtmaler ernannt wurde. Hier schuf er seine Hauptwerke: den Abendmahlsaltar für die Peterskirche von 1464 bis 1467 (noch an seinem ursprünglichen Ort: Sint-Pieterskerk in Löwen), die »Perle von Brabant« von 1467 bis 1468 (heute in der Alten Pinakothek in München) und die beiden Gerechtigkeitstafeln für das Rathaus (Musées Royaux des Beaux-Arts in Brüssel), von denen eine bei seinem Tod noch unvollendet war.

Dieric Bouts d. Ä. starb am 6. Mai 1475 in Löwen.

Anbetung der Heiligen Drei Könige: Mitte des Altars

Das zentrale und größte Bild des Flügelaltars »Perle von Brabant« zeigt die Anbetung durch die Heiligen Drei Könige. Als »Stall« für die Geburt Jesu hat sich der Maler Dieric Bouts ein altes zerfallenes sakrales Gebäude ausgesucht, das wahrscheinlich ein Kloster war, das jetzt zur Unterbringung von Vieh genutzt wird. Verfallenes ist hier der Ort, an dem neues und ewiges Leben in die Welt kommt. Die kostbaren Marmorsäulen rechts neben Maria und dem Kind und inmitten der beiden gotischen Fenster sprechen von früherer Zeit, in der noch menschliches religiöses Leben in diesem Gebäude herrschte. Das Dach ist mit Stroh gedeckt und brüchig. Die zusammengebrochene Wand hinter dem heiligen Josef gibt den Blick frei auf ein Landhaus im Vordergrund und auf eine befestigte städtische Anlage mit einer Kathedrale im Hintergrund.

Dass es sich bei dem verfallenen Gebäude um eine Stallung handelt, zeigt über Maria die Futterkrippe, aus der gerade ein Esel frisst; der Ochse steht hinter ihm. Oben auf dem Gebälk der Tür sitzen zwei Tauben. Hinter der Tür, die in das Innere des alten Gebäudes führt, brennt ein Feuer. Man darf annehmen, dass sich die heilige Familie in der Regel dort in der Zurückgezogenheit aufhält. Jetzt bei diesem hohen Besuch der Könige und ihrem Gefolge sind sie unter das offene Vordach gekommen, um sie zu empfangen.

Wie auf allen drei Bildern des Flügelaltars ist das Innehalten vor Christus und das Innewerden Seiner das Wichtigste: Auf dem Mittelbild wird Maria mit dem Jesuskind auf ihrem Schoß zum Ort der Transzendenz, zum Einbruch des Göttlichen in diese Welt. Auf dem linken Flügel ist es das Lamm Gottes, das Johan-

nes der Täufer fest an sein Herz drückt und auf das er mit seinem rechten Zeigefinger weist. Und auf dem rechten Flügel ist der Ort des Einbruchs des Himmlischen das leicht und verklärt gewordene Christ-Kind, das Christophorus auf seinen Schultern trägt, nachdem er Gefahr und Todesangst überwunden hat.

Der Maler hat Maria – sie trägt ein wunderschönes dunkelblaues Gewand – ein Stück weit nach links aus der Bildmitte gerückt. Schaut der Betrachter auf sie, sieht er gleichzeitig eine etwas kleinere, ähnlich gekleidete Person über Maria. Eine Holzbrüstung trennt die beiden Frauen voneinander. Die rechte Hand der Frau ruht auf der Brüstung und mit der linken hält sie ihr Kleid. Im Ausschnitt sieht man die Spitzen ihres Unterkleides. Wer ist diese Frau, die hinter Maria steht und ebenso wie sie ein weißes Kopftuch trägt?

Es ist eine Amme, die neben Maria das Kind versorgt. Ammen sind Frauen, die ein Kind stillen, dessen Mutter sie nicht sind. Im Alten Testament ist oftmals die Rede von Ammen, wie zum Beispiel von Debora, der Amme Rebekkas (vgl. Genesis 24,59) oder der Mutter des Mose. Im Neuen Testament kommt keine Amme vor, außer in den Apokryphen. Apokryphen sind religiöse Schriften, die nicht in den biblischen Kanon aufgenommen wurden. Was wollte Dieric Bouts damit sagen, dass er Maria, der Mutter Gottes, eine Amme zugesellte?

Die linke Seite der mittleren Tafel ist ganz der Kontemplation gewidmet, während die rechte Seite des Bildes die aktive Seite des Lebens zeigt. Der erste König im roten Gewand kniet vor dem Kind und betet es mit gefalteten Händen an. Er hat vorher sein Geschenk Josef überreicht, der es auf einen kleinen Holztisch vor ihm gestellt hat. In Josef, der, seiner Grundhaltung entsprechend, im Hintergrund steht, vollzieht sich die Wende von der inneren

Ruhe zur äußeren Aktivität. Der zweite König, der vor ihm kniet, überreicht ihm sein Geschenk.

Die Platzierung der Hüte der Könige zeugt von ihrer großen Ehrfurcht. Der erste vor dem Kind knieende König hat seinen Hut abgesetzt und ihn ehrfurchtsvoll auf den Boden vor Maria gelegt. Im Abgeben hat er alles losgelassen. Der zweite König, der ganz Josef zugewandt ist, hat zwar seinen Hut abgenommen, hält ihn aber noch in seiner linken Hand. Der dritte König, der den ersten Schritt von der Straße in den geheiligten Raum tut, trägt seinen Hut wie eine Krone noch auf dem Kopf.

Je näher er dem Göttlichen kommt, umso ehrfurchtsvoller wird der Mensch. Die Heiligen Drei Könige geben in ihrer Haltung davon Zeugnis. Der erste König betet das Kind an, staunend, dass Gott in ihm Mensch geworden ist. Dabei vollzieht sich eine große innere Hingabe; bei dem zweiten König ist diese Hingabe, das Überreichen des Geschenkes, noch äußerlich. Der dritte König, der an der Schwelle steht, hält ein goldenes Gefäß in seinen Händen – seine rechte Hand befindet sich ehrfurchtsvoll unter seinem Gewand.

Hinter dem dritten König sieht man das Gefolge der Heiligen Drei Könige: zehn Männer, vier davon zu Pferd und sieben Pferde. Außer dem ersten Mann direkt hinter dem dritten König, der einen Turban trägt und einen langen Bart hat, sind alle anderen noch mit sich selbst oder etwas anderem beschäftigt – aber wohl noch nicht mit dem göttlichen Kind. Der äußere Reichtum der Könige spiegelt sich in ihren kostbaren Gewändern und denen ihrer Gefolgschaft wider. Ihr innerer und größter Reichtum besteht darin, dass sie dem Stern von weit her gefolgt sind und erkannt haben, dass Gott Mensch geworden ist.

In einzigartiger und bewundernswerter Weise malte Dieric Bouts wichtige und aussagestarke Einzelheiten bis ins Kleinste aus. Ohne Vergrößerung sind sie oft kaum zu erkennen: der blühende Rosenstrauch am unteren Rand inmitten des Bildes, die beiden Tauben im Gebälk, die goldenen Verzierungen der Gewänder des zweiten und dritten Königs, die drei Gefäße mit Gold, Weihrauch und Myrrhe. Und zuletzt ein Blick auf den einsamen Baum inmitten des Hügels rechts oben im Bild. Könnte es ein versteckter Hinweis sein auf Golgota, auf das Kreuz, das am Ende des irdischen Lebens Jesu steht?

Bevor wir die zwei Seitenflügel des Altars »Perle von Brabant« betrachten, wollen wir noch einen Blick auf die rechte Seite der Mitteltafel werfen. Die Heiligen Drei Könige, die von weit her gereist sind, haben ihr Ziel erreicht: Die Verheißung hat sich erfüllt, sie haben das göttliche Kind gefunden und sie dürfen es anbeten. Die Könige betreten nacheinander den überdachten Raum der Stille, in dem Maria für sie das Christkind auf ihren mütterlichen Schoß genommen hat.

Durch den Balken oder Stützpfeiler ist die Innenwelt von der Außenwelt getrennt. Wer hier im Wissen um das Jesuskind eintreten darf, ist ein Begnadeter. Den Heiligen Drei Königen ist diese einmalige göttliche Begegnung voll bewusst. Bei den ihnen Nachfolgenden scheint dies jedoch noch nicht der Fall zu sein – bis auf eine Ausnahme: den Mann im grauen Gewand und dem weißen Turban, der direkt hinter dem dritten König steht. Sein Blick ist auf das Heil gerichtet, das vom Kind ausgeht und im Herzen der Gläubigen erfahrbar wird. Der rechts neben ihm stehende Mann im blauen Gewand und einer Kopfbedeckung mit Pelzrand dagegen ist etwas ganz anderem zugewandt.

Die anderen Gefolgsleute wie auch die Männer zu Pferd, die noch »draußen« sind, wissen vielleicht noch gar nicht, dass sie am Ziel ihrer langen Reise angekommen sind und – wie die Könige – das Ziel ihrer inneren Sehnsucht gefunden haben.

Alle sind zu allen Zeiten in die Nachfolge Christi berufen, doch vielen bleibt der Herr unbekannt, weil sie sich zu sehr mit sich selbst und anderem beschäftigen, sich daran festhalten. Somit bleibt ihnen der Weg nach innen noch verwehrt.

Wenden wir uns jetzt über den linken Flügel des Altars, den der Maler Johannes dem Täufer gewidmet hat, Christophorus zu, dessen Leben und Wandlung die Mitte dieses Buches bildet.

Johannes der Täufer: der linke Flügel

Im Tal zwischen drei Felsformationen steht aufrecht und den Betrachter anschauend Johannes der Täufer. Ihm hat der Maler den linken Flügel des Altars gewidmet. Johannes der Täufer geht dem Herrn voraus und bereitet ihm den Weg. Dazu hat er eine asketische Lebensform gewählt. Er ist der Bote, der den kommenden Gott anzeigt, und von dem nach ihm Kommenden spricht, der stärker ist als er. Die Geschichte von Johannes dem Täufer ist ein »Vorlauf« der Geschichte Jesu von der Geburt über die Taufe, das Gebet bis hin zur Passion. *Am Tag darauf sah er Jesus auf sich zukommen und sagte: Seht, das Lamm Gottes, das die Sünde der Welt hinwegnimmt. Er ist es, von dem ich gesagt habe: Nach mir kommt ein Mann, der mir voraus ist, weil er vor mir war* (Johannes 1,29–30). Der Vorläufer Jesu ist zum Christuszeugen geworden.

Über seinem braunen Gewand aus Kamelhaaren trägt er ein leuchtend violettes Obergewand, mit dem der Maler ihn zu seiner Verherrlichung umkleidet hat. Violett gehört zu den liturgischen Farben der im Gottesdienst verwendeten Gewänder: Weiß, Rot, Grün, Violett und Schwarz. Die Farbe Violett steht für die Advents- und Fastenzeit und in Messen für Verstorbene als Alternative zu Schwarz. Diese liturgischen Farben wurden von Papst Innozenz III. (1198) festgelegt und vorgeschrieben. Die Farbe Violett – zu gleichen Teilen aus Rot und Blau gemischt – ist die Farbe der Besonnenheit, des Maßes, des bedachten Tuns und des Gleichgewichts zwischen Himmel und Erde.

Johannes weist mit dem rechten Zeigefinger auf das Lamm, das er auf seinem linken Arm trägt. Unter dem Lamm sieht man ein kostbar gebundenes rotes Buch; es ist das Buch mit den sieben Siegeln der Offenbarung, das vom Lamm Gottes geöffnet wird.

Christus ist nicht nur der gute Hirt, sondern das Lamm Gottes (Agnus Dei) selbst. Es ist das Lamm der apokalyptischen Vision: *Und ich sah und siehe, das Lamm stand auf dem Berg Zion* (Offenbarung 14,1). Da Johannes der Täufer Jesus Christus als das wahre Paschalamm erkannt hat, gehört das Lamm als Attribut zu ihm. Sein Leben besteht darin, auf dieses Lamm hinzuweisen und als Vorläufer ihm den Weg zu weisen.

In drei versetzten Felsformationen hat der Maler eine wunderbare Tiefe erreicht, die mit der blauen Ferne des Stadtbildes und der Gebirge abschließt. Der Fels ist ein Bild der Festigkeit und Standfestigkeit. Wegen ihrer Unverrückbarkeit werden Felsen auch zum Symbol der heiligen Mitte. Paulus sagt von Christus: *Ihr seid auf das Fundament der Apostel und Propheten gebaut; der Eckstein ist Christus Jesus selbst* (Epheserbrief 2,20). Ja, das hochaufragende Felsgestein spiegelt das Bild Gottes wider: *Von den Händen des Starken Jakobs, von dort kommt ein Hirt, Israels Stein* (Genesis 49,24). »Israels Stein« ist gleichbedeutend mit »Fels«, in den Psalmen eine häufige Bezeichnung für Jahwe.

Da auf der rechten Tafel der »Perle von Brabant« das Hauptaugenmerk liegt, kann das Bild Johannes des Täufers nicht in allen Einzelheiten besprochen werden. Doch sollten wir zum Schluss noch auf drei aussagekräftige Symbole blicken. Sie befinden sich links unten im Bild: die Lilie, der Eisvogel und die Quelle.

Neben der Rose ist die Lilie das beliebteste christliche Blumensymbol. Die Lilie ist ein Zeichen der reinen Seele und ein Symbol der Unschuld, der Gnade und der Erwählung. Lilien sind häufig zu Füßen von Heiligen zu sehen. Jesus erwähnt sie in der Bergpredigt. Hier gelten sie als Symbol der vertrauensvollen Hingabe an Gott. *Lernt von den Lilien des Feldes, wie sie wachsen: Sie arbeiten nicht und spinnen nicht* (Matthäus 6,28). Links neben der Lilie auf unserem Bild von Johannes dem Täufer befindet sich ein Eisvogel mit seinem prächtigen Gefieder. Es scheint, dass er aus der Quelle neben ihm trinken möchte. Der Eisvogel ist ein Sinnbild der Auferstehung, da er nach mittelalterlicher Auffassung jährlich sein gesamtes Federkleid erneuert. Wie die Amme auf dem mittleren Bild der Anbetung durch die Könige, so ist auch der Eisvogel eine große Seltenheit in der christlichen Malerei.

Die Quelle am unteren linken Rand des Bildes drückt die Kraft der Schöpfung und des Lebens aus. David bezeichnet Gott als Quelle des Lebens: *Denn bei dir ist die Quelle des Lebens* (Psalm 36,10). Sie symbolisiert vornehmlich den Ursprung der Leben spendenden Kräfte und das ewige Leben. Das Lamm und der Brunnen mit dem Leben spendenden Quellwasser sind einander zugeordnet. *Vielmehr wird das Wasser, das ich ihm gebe, in ihm zu einer Quelle werden, deren Wasser ins ewige Leben fließt* (Johannes 4,14).

Möge noch ein letzter Blick auf das Bild erlaubt sein. Oben auf dem linken Felsen, auf den ein Weg hinaufführt, ragen die Äste eines kahlen Baumes weit in den Himmel. Große schwarze Vögel, es sind wahrscheinlich Raben, umfliegen den Baum. Da sie schwarz sind und Aas fressen, werden sie von jeher als Galgenvögel bezeichnet, die Unglück und den Tod bringen. Wie im mittleren Bild der einsame Baum auf dem Hügel auf Golgota schließen lässt, so könnten hier die Raben sowohl auf den frühen Tod Johannes des Täufers als auch auf den irdischen Tod Jesu am Kreuz hinweisen.

Da im folgenden dritten Hauptteil das Bild des Christophorus von Dieric Bouts eingehend besprochen wird, dient dieser Punkt dazu, den Blick auf den Flügelaltar »Perle von Brabant« abzurunden. Der heilige Christophorus, dessen Gedächtnis am 24. Juli in der katholischen Kirche begangen wird, gehört zu den vierzehn Nothelfern. Der katholische Christ ruft die Nothelfer als Schutzpatrone im Gebet an. In der evangelischen Kirche gelten sie allgemein als Vorbilder im Glauben. Christophorus wird als Helfer gegen unvorbereiteten Tod angerufen, als Retter aus jeglicher Gefahr und als Schutzheiliger der Reisenden, besonders der Autofahrer.

Wie er Christus durch den Fluss, ja, durch sein ganzes Leben getragen hat, so möchte er weiterhin für Menschen Stütze und Brücke sein. Er möchte Vorbild sein, nicht aufzugeben, sondern unterwegs zu bleiben und durchzuhalten. Christophorus lässt nicht locker, seinen Auftrag durchzusetzen und trotz aller Absagen, Hindernisse und Enttäuschungen geht er seinen Weg bis zum Ende weiter. Es ist erstaunlich mitzuerleben, wie in seiner Lebensgeschichte und auf dem Weg seiner religiösen Reifung ein Aufbruch nach dem anderen folgt und Christophorus diesen bejahend annimmt.

Der hundsköpfige, zerstörerische, aggressive, rücksichtslose Tatmensch wird zu einem sensiblen, die Nöte der anderen begreifenden, seine Kraft aber nicht verleugnenden reifen Menschen. Der heilige Christophorus gehört zu den Märtyrern, die man vergeblich zu töten versuchte und die erst der Enthauptung erlagen. Auf geheimnisvolle Weise wurden in ihm Kräfte des Lebens wach, Widerstandskräfte gegen den Tod. Die Gesetze der Natur, die am

Beginn seines Martyriums aufgehoben waren, wurden am Ende wieder wirksam, als er enthauptet wurde. Christophorus wusste genau um sein Ende in dieser Welt – er sagte es dem erblindeten König voraus. Das Gebet, das aus seinem Mund kam, ist bis heute vernehmbar. Er betete im Voraus für alle, die eines Tages durch seine Fürbitte um göttliches Erbarmen flehen, und er bat, dass man nicht vergeblich um dies Erbarmen flehen möge.

Wenn ein Sterben und der Ausbruch einer Seuche
überall die Menschen und das Vieh verheeren,
soll deine Rechte eine Ansteckung in Schranken halten.
Wenn ein von bösem Geist Besessener oder ein Siecher,
an jenem Ort, an dem ich ruhe,
deine Hilfe unter meinem Patronat erbittet,
so stehe beiden bei, komme beiden zu Hilfe
und reinige den einen vom bösen Geist,
den anderen von der Krankheit;
danach unterwirf beide deinem Dienst.

Aus der Verehrung des Heiligen als Fürbitter in schwerer Krankheit erwuchs seine Verehrung als Patron der Sterbenden. Das Hauptanliegen, das der Betende an den Heiligen hatte, bestand darin, ihn vor einem plötzlichen Tod zu bewahren. Die Sterbestunde war entscheidend, und daher flehte der Beter um ein friedliches Ende mit dem Beistand und Segen der Kirche.

Bereits das Anschauen eines Christophorus-Bildes lässt das Geheimnis des Glaubens aufleuchten und vermittelt neue Lebenskraft. Es ist gut und unterstützend, wenn ein Gebet dieses Anschauen begleitet. Allein schon der Gedanke an den Heiligen schenkt Sicherheit und Vertrauen.

Schau den Christophorus an
und dann geh sicher deines Weges.
(Aus dem Spanischen)

Die Übernahme des Christophorus als Straßenheiligen in die Funktion des Verkehrspatrons vollzog sich mit der Zeit in konsequenter und harmonischer Weise. Papst Pius XI. (1857–1939) führte die Autoweihe am Fest des heiligen Christophorus ein. Millionenfach werden heute die Verkehrsteilnehmer von der Plakette des Christophorus am Armaturenbrett ihres Autos begleitet, er erscheint auf den Klingeln der Fahrräder, als Anhänger von Autoschlüsseln und Halsketten. Christophorus hat viele religiöse Grenzen gesprengt und ist allgemein zum »Fährmann Gottes« geworden, der die Menschen durch den Strom der Zeit geleitet.

Allmächtiger Gott,
auf unserem Lebensweg
bedrohen uns viele Gefahren.
Höre auf die Fürsprache
des heiligen Märtyrers Christophorus.
Gib, dass wir Christus in uns tragen
und mit unseren Weggefährten
sicher zu dem Ziel gelangen,
für das wir geschaffen sind.
Darum bitten wir durch ihn, Jesus Christus.
(Schott-Messbuch II, 1129)

Auch ein anderes Gebet zum heiligen Christophorus ist bis heute vernehmbar:

*Heiliger Christophorus, du hast das Christuskind
sicher durch die gefährlichen Fluten getragen.
Geleite auch uns alle durch die Gefahren
des Straßenverkehrs und gib,
dass wir durch unser Verhalten im Verkehr
niemanden gefährden oder verletzen.*

*Heiliger Christophorus,
als heiliger Gottesmann
hast du den Menschen deiner Zeit
an Leib und Seele geholfen.
Hilf auch uns und allen,
die wir in unser Gebet einschließen,
bei allen Gebrechen.
Vor allem aber erbitte uns die Gnade,
geduldig in Gottes Willen ergeben zu sein,
wenn wir lange Krankheiten ertragen müssen.*

III. Teil
Christophorus, der Christusträger

Anwege

In diesem dritten und letzten Teil steht der rechte Flügel des Altars, die Darstellung des Christophorus, im Mittelpunkt. Die Anwege möchten den langen Weg seiner Wandlung in Erinnerung rufen, den Christophorus gehen musste, um den zu finden, der wahrhaft der Größte ist: Jesus Christus. Der rechte Flügel des Triptychons stellt in faszinierender Weise die Begegnung mit Christus dar, die der Höhepunkt im Leben des Christophorus ist.

Ein Mitglied aus dem Volk der Kynocephalen, der Hundsköpfigen, dessen Körper und Geist in einem Grenzbereich zwischen Menschlichem und Tierischem angesiedelt sind, wird durch Gottes unendliches Erbarmen begnadet. Der Schöpfer möchte auch die an sich ziehen und ihnen nahe sein, die anderer Natur sind und außerhalb der menschlichen Verhaltensweise stehen.

Die griechische Ikone zeigt Reprobus, den Hundsköpfigen, in aufrechter Haltung. Er hat den Kopf erhoben und schaut auf eine segnende Hand, die links oben aus einem stoffartigen roten Dreieck kommt. Die Hand Gottes segnet nicht nur Reprobus, sondern sie gibt ihm auch Weisung, sich auf den Weg zu machen und dem Größten seinen Dienst anzubieten. Durch einen zweiten Segen, den Reprobus später durch Christus empfängt, den er durch den reißenden Fluss trägt, wird er zu einem reifen und religiösen Menschen.

Das hell aufleuchtende Kreuz, das Reprobus in seiner rechten Hand trägt – ohne zu wissen, was es bedeutet –, ist ein Symbol für die noch verborgene Ebenbildlichkeit Gottes und die Gegenwart Jesu Christi in seiner Seele. Der Speer in seiner linken Hand dagegen hat irdischen Charakter und deutet auf eine gewisse Macht und Stärke. Nur weil der Hundsköpfige sich nicht wegen seines

göttlichen Auftrags verstecken muss – er darf leben, sich betätigen und seinen Weg gehen –, gelingt es ihm, zum Christophorus zu werden und einen Dienst in Liebe zu tun. Er, der nicht richtig sprechen kann, empfängt durch Christus das Sakrament der Taufe und einen neuen Namen: Christophorus, der Christusträger. Er wird durch Christus der zum Menschsein befreite Mensch.

»Der Hundsköpfige wurde von den Fesseln des Tierhaften, die ihn geistig stumm sein ließen, befreit, er sprach seitdem als gotterwählter Verkünder des Evangeliums die Sprache der Menschen mit höchster Eloquenz und größtem Missionserfolg« (Walter Loeschke).

Doch ehe es zu der Befreiung von den Fesseln kommt, hat Reprobus noch einen langen Weg zu gehen. Es ist ein Pilgerweg, den er willig auf sich nimmt; er stöhnt nicht und niemals wird es ihm zu viel. Das Pilgern ist Ausdruck eines beständigen Sich-Lösens und der inneren Wandlung, die mit dem Reifungsprozess unmittelbar verbunden ist. Mit der Intuition und der inneren Weisung macht sich Reprobus auf, den Größten zu finden, um ihm zu dienen – nicht wissend, dass er den Kleinsten findet, der der Größte ist, der Himmel und Erde in seinen Händen trägt. Reprobus verlässt sein Volk; er weiß, dass sein König der Kynocephalen ihm das nicht sein kann, was er sucht. Nach vielen Suchbewegungen und Anstrengungen begegnet er endlich dem größten König dieser Welt.

Er dient ihm und arbeitet schwer für den König, bis er von diesem enttäuscht wird, weil Reprobus feststellen muss, dass der König, den er für den Mächtigsten hält, vor jemandem Angst hat. Es ist der Teufel, den der König durch Kreuzzeichen abwehrt. Reprobus verlässt den Hof und begibt sich auf die Suche nach dem Teufel, den er findet und dessen treuer Knecht er wird. Wie in manchem Leben, so bringt das Böse einen Menschen auf die Spur des Guten. Bei all seiner Macht, die der Teufel in der Welt hat, entgeht Reprobus nicht, dass auch er Angst vor jemandem hat. Er verweigert seinem treuen Knecht die Antwort auf sein Fragen, wer es sei, vor dem er als der Mächtigste Angst habe. Schließlich nennt er Jesus Christus, den Gekreuzigten, der größer ist als er selbst und vor dem er fliehen muss, um die Existenz des Bösen bewahren zu können.

Und wieder muss Reprobus erfahren, dass es einen Größeren und Mächtigeren gibt als den Teufel, wenn dieser vor dem Kruzifix flieht und damit Christus meidet. Weil Reprobus sich vorgenommen hat, nur dem Höchsten zu dienen und sich von allem Kleinlichen und von allem Einengenden zu lösen, verlässt er den Teufel und begibt sich auf die Suche nach Jesus Christus. Der Weg bisher war lang und anstrengend, und er ist es weiterhin, selbst wenn Reprobus jemanden gefunden hat, den Einsiedler, der alles versucht, ihm Christus liebevoll nahezubringen.

Der Einsiedler

Mit dem Einsiedler beginnt die letzte Station des Reprobus auf seiner beschwerlichen Reise, bis es zu der lang ersehnten Begegnung mit dem Gottessohn kommt. So sanft und zart wie die Stimme des Kindes in der Nacht erklingt, genauso bescheiden und zurückhaltend hat der Maler den Eremiten förmlich als Ouvertüre auf seinem Bild dargestellt. Der Einsiedler hat sich aus den sozialen Bindungen gelöst und lebt allein abseits der menschlichen Siedlungen. Religiöse Gründe sind für ihn der Anlass, die Einsamkeit aufzusuchen. Trotz des Alleinseins bleibt er der kirchlichen Gemeinschaft verbunden. Bevor ein Mönch in die Einsamkeit geht, muss er in seinem Kloster eine längere Prüfungszeit durchlaufen. Er verpflichtet sich zu einem armen und zu einem einfachen Leben.

Durch den Einsiedler beginnt für Reprobus jetzt der Weg nach innen – nicht durch Fasten und Beten, sondern durch einen konkreten Dienst am Menschen. Der Einsiedler macht Mut und lehrt, warten zu können, warten auf Christus. Reprobus tritt den Dienst an, jedem zu helfen, der den Fluss überqueren will.

Auf dem Bild von Dieric Bouts muss man den Einsiedler förmlich suchen, denn der Blick des Betrachters wird immer wieder

von dem leuchtend roten Gewand des Christophorus angezogen und gefangengenommen. Ganz oben – schon in Schatten des aufziehenden Abends und der untergehenden Sonne gehüllt – sieht man auf der rechten Felsformation den Initiator des heilbringenden Geschehens. Der Einsiedler, er trägt eine Kapuze und das Gewand eines Benediktiners, steht draußen vor seiner Einsiedelei und hält eine Leuchte in seiner rechten Hand. Vielleicht soll das Licht seine Weisheit und seinen Beitrag symbolisieren, den der Einsiedler zur Begegnung mit Christus beigetragen hat.

Der Mönch steht hinter einem Zaun aus Weidengeflecht; das Gartentor setzt sich aus einem Kreuz und aus einem großen X zusammen, ein Symbol für Christus. Die steinerne Klause besteht aus zwei Teilen, einem Wohntrakt und einer Kapelle – dahinter ein dichter dunkler Wald. Für den Einsiedler hat sich bereits der Tag geneigt, von dem er mit dem Abendgebet der Kirche, der Komplet, Abschied nimmt. Obwohl im Tal, durch das der Fluss seinen Lauf nimmt, noch der Abendsonnenschein zu spüren ist, zieht über der Einsiedelei schon der Nachthimmel auf.

Der Mönch hat Reprobus auf der letzten Stufe seiner Wandlung die entscheidende Weisung gegeben, anstatt zu fasten und zu beten, Menschen tatkräftig zu dienen und sie durch den Fluss zu tragen. Bestimmt geschah dies manches Mal unter großen Schwierigkeiten und Opfern. Das Übersetzen des Kindes jedoch führte Reprobus an seine letzten Grenzen und löste in ihm entsetzliche Todesangst aus.

Die Last

Bevor wir uns wieder dem Christophorus-Bild von Dieric Bouts zuwenden, das alle Dramatik hinter sich gelassen hat und tiefe Ruhe und Frieden ausstrahlt, soll die unerträgliche Last, die Reprobus zu tragen hatte, noch einmal ins Licht gerückt werden.

Die durch das Anschwellen des Wassers und die unendliche Schwere des Kindes ausgelöste Todesnähe und Todesangst des Reprobus haben ihn fast untergehen lassen. Lasten können einem Menschen auferlegt werden durch persönliche Schicksale, durch die Familie, durch soziale Verhältnisse und durch Krankheiten, aber auch durch Schwäche, Fehler und Sünden. Die durch Sünde bedingte Last kann sehr schwer wiegen, da wir sie in der Abkehr von Gott tragen müssen. Bei Reprobus handelt es sich um keine Sünde und um keine Abkehr von Gott, sondern um das Gegenteil. Gott ist in Christus anwesend, und bevor er ihn für immer zu einem Heils- und Christusträger macht, führt er ihn an seine Grenzen und prüft sein Durchhaltevermögen und seine Treue zum einmal gegebenen Wort. Reprobus, der stark und mächtig äußerlich große Kraft besitzt, erfährt durch die ihm auferlegte Last, einen Durchbruch in die eigene Innerlichkeit und damit zu Gott.

- *Wenn einer hinter mir hergehen will, verleugne er sich selbst, nehme täglich sein Kreuz auf sich und folge mir nach* (Lukas 9,23).
- *Nehmt mein Joch auf euch und lernt von mir; denn ich bin gütig und von Herzen demütig; und ihr werdet Ruhe finden für eure Seele* (Matthäus 11,29).
- *Einer trage des anderen Last; so werdet ihr das Gesetz Christi erfüllen* (Galaterbrief 6,2).
- *Wer nicht sein Kreuz trägt und hinter mir hergeht, der kann nicht mein Jünger sein* (Lukas 14,27).
- *Du legst Geduld an den Tag und hast um meines Namens willen Schweres ertragen und bist nicht müde geworden* (Offenbarung 2,3).

Reprobus zeigt eine Möglichkeit, wie wir Christus tragen können und wie wir mit der eventuellen Last, die vorübergehend damit verbunden sein kann, umgehen können. Doch muss jeder, der den Weg mit Christus gehen möchte, seine eigenen Erfahrungen machen und seinen individuellen Weg finden.

Der Fluss ist ein Bild für das Leben, in das Christus mit aller Konsequenz mitten hinein- und hindurchgetragen werden möchte. Reprobus nimmt die immer schwerer werdende Last durch Christus an und trägt ihn weiter durch den Fluss – trotz

großer Lebensangst, da ihm bereits das Wasser bis zum Hals steht. Vieles lernen auch wir erst an den Tiefpunkten unseres Lebens. Der Fluss ist ferner das Bild des Unbewussten. Er ist nicht nur für die Landstriche lebensspendend, sondern auch gefährlich, wenn er über die Ufer tritt und alles überschwemmt. Er kann einerseits den Tod bringen und andererseits die Erneuerung und die Auferstehung.

Der Fluss schwoll an und das Wasser wurde höher und höher, und das Kind war so schwer wie Blei. Je weiter Reprobus schritt, desto höher stieg das Wasser und desto schwerer wurde das Kind auf seinen Schultern. Er bekam Todesangst, denn er fürchtete, ertrinken zu müssen.

In labore requies
(»In der Unrast schenkst du Ruh«)

Dies ist genau der Augenblick, den Dieric Bouts auf seinem Christophorus-Bild wiedergibt: Tiefe Ruhe ist eingekehrt und Reprobus hat seine Todesangst überwunden, er ist zu einem Auferstandenen geworden, der jetzt Christophorus heißt, der Christusträger.

Das Still- und Innewerden kommt in dem lateinischen Wort »In labore requies« (»In der Unrast schenkst du Ruh«) wunderbar zum Ausdruck. Dieser Vers aus der Pfingstsequenz »Veni Sancte Spiritus« ist der Beginn des vierten Sequenzgliedes. Diese Pfingstsequenz von Stephan Langton aus dem 12. Jahrhundert wird in der heiligen Messe am Pfingstsonntag vor dem Evangelium gesungen (GL 343 u. 344). Beim Betrachten des Bildes hört man die Melodie …

Zwischen den beiden großen bedrohlich wirkenden Felsformationen steht Christophorus in aufrechter Haltung inmitten des Flusses. Auf seinen Schultern thront der segnende Christus. Die Gefahr liegt hinter ihnen. Es tut gut, dieses wunderbare Bild mit seinen heilbringenden Kräften etwas länger zu betrachten. Christophorus hat wieder Boden unter den Füßen und somit festen Halt. Das Tragen des Kindes, das für ihn im wahrsten Sinn des Wortes zur Tragik wurde, hat alle Angst und Schwere verloren und ist nunmehr leicht. Christophorus muss sich nicht mehr mit gekrümmtem Rücken und mit aller Anstrengung auf den Stab stützen, sondern er hält ihn locker in seiner rechten Hand.

Licht
Auf dem Bild liegt etwas vom Licht der österlichen Verwandlung. Der Betrachter schaut dem Christuskind und Christophorus geradezu ins Gesicht. Die Felswände geben den Blick frei in eine Perspektive, die von Licht glänzt, in einen Sonnenuntergang hinein. Die bergige linke Uferseite des Flusses ist mit einer Stadt bebaut. Im Hintergrund sieht der Betrachter, der ins Licht und in die Sonne schaut, viele Fischerboote. Die untergehende Sonne steht über dem Wasser, in dem sich ihre gelben Strahlen spiegeln.

Die Gefahr liegt im Rücken und eine große wohltuende Weite tut sich auf. Die Stimmung einer Landschaft wurde in dieser Weise vorher noch niemals dargestellt. In der Abendlandschaft wird der Reiz dieser Malerei deutlich: Die Sonne nähert sich dem Horizont, letzte Wolken und Felskanten stehen noch im Licht, während vorn sich bereits tiefe Schatten sammeln. Die Abstufung der Farben in der blauen Ferne, am Himmel und auf den Felsen ist von erlesener Zartheit.

Taufe
Christophorus hat von Christus durch das Untertauchen das Sakrament der Taufe empfangen, das seiner Zeit noch auf diese Weise gespendet wurde. Und gleichzeitig wird ihm das Sakrament der heiligen Kommunion geschenkt, indem er Christus annimmt –

ihn auf seinen Schultern trägt und ihn in seinem Herzen empfängt. Auf diese Weise vereint sich die geistige Wirklichkeit mit der irdischen Wirklichkeit des Christusträgers.

Vielleicht sei hier eine Frage an uns erlaubt. Uns begegnet Christus immer neu in der heiligen Eucharistie. Tragen wir ihn auch tagsüber weiter mit uns, sodass Verdorrtes in uns zu grünen beginnt, oder setzen wir ihn gleich nach dem Empfang der Kommunion wieder ab?

Zum Christwerden und zum Christsein gehört das Sakrament der Taufe. Bei der Taufe erhält der Mensch einen Namen. In diesem Augenblick des Innehaltens und der Wandlung bekommt auch Reprobus seinen neuen und eigentlichen Namen: Christophorus, der Christusträger. Ignatius von Antiochien, der im ersten Jahrhundert nach Christus lebte, nennt alle Christen, die in der Liebe leben, Christusträger. So nennt er sich auch selbst in jedem seiner bekannten sieben Briefe »Theophorus«, der Gottesträger. Der Name gibt einen Hinweis auf das Wesen seines Trägers. So ist auch das Wort zu verstehen »Nomen est omen«, das heißt übersetzt, der Name ist ein Zeichen oder der Name ist Programm.

Um Gott in rechter Weise verstehen und loben zu können, muss der Mensch erst sprechen lernen. Darum wird während der Taufe die Zeremonie der Öffnung des Mundes und der Ohren vollzogen, der sogenannte Effata-Ritus.

So sollen wir den Herrn bitten, dass er diesem Kind helfe, seine Botschaft zu hören und zu bekennen. Der Herr lasse dich heranwachsen, und wie er mit dem Ruf »Effata« dem Taubstummen die Ohren und den Mund geöffnet hat, öffne er auch dir Ohren und Mund (hier berührt der Zelebrant Ohren und Mund des Kindes), *dass du sein Wort vernimmst und den Glauben bekennst zum Heil der Menschen und zum Lobe Gottes.*

Reprobus, der aus dem Volk der Hundsköpfigen stammte, war das Hören und Sprechen nicht eigen. Daher öffnete ihm Christus jetzt in der Taufe Mund und Ohren, um Christus in aller Öffentlichkeit und vor vielen Menschen zu bekennen. Haben wir es nicht auch immer wieder nötig, darum zu bitten, dass der Herr uns Mund und Ohren öffne, wenn wir jedes Stundengebet beginnen: *Herr, öffne meine Lippen, damit mein Mund dein Lob verkünde?*

Segen

Die Mitte des Bildes ist das zum menschlichen Gesicht gewordene Antlitz des Reprobus, der in diesem Augenblick den Segen Christi empfängt. Alles, was vorher hässlich war, ist schön, alles, was vorher dunkel war, ist licht und die Todesnähe hat sich in Auferstehung gewandelt. Der Christusknabe, hinter dem sich die Welt ausbreitet, sitzt wie selbstverständlich bequem und entspannt auf den Schultern von Christophorus. Die rechte Hand hat Christus zum Segen erhoben und die linke Hand ruht auf dem schwarzen Haar des Christophorus. Die Segenshand des Kindes drückt den lateinischen Segen aus: Daumen, Zeigefinger und Mittelfinger sind ausgestreckt, während Ring- und kleiner Finger geschlossen bleiben.

Christus trägt ein violettfarbiges schlichtes Gewand. Violett gehört zu den liturgischen Farben der in der heiligen Messe verwendeten Gewänder. Es sei daran erinnert, dass auch Johannes der Täufer auf dem linken Flügel der »Perle von Brabant« ein violettes Gewand trägt. Violett ist die Farbe des Gleichgewichts zwischen Himmel und Erde und zwischen Weisheit und Liebe.

Christus hat die rechte Hand zum Segensgestus erhoben. So segnet er auch später die Kinder und seine Jünger.

- *Und er nahm die Kinder in seine Arme; dann legte er ihnen die Hände auf und segnete sie* (Markus 10,16).
- *Dann führte er sie* (seine Jünger) *hinaus in die Nähe von Betanien. Dort erhob er seine Hände und segnete sie* (Lukas 24,50).

Das Segnen ist ein wirkmächtiges Zusprechen göttlicher Lebenskraft und stiftet Gemeinschaft. Gott zeigt sich in Jesus Christus selbst als Segen. Im Kreuz und in der Auferstehung erweist sich die Macht des Segens über den Tod. Christus segnet Christophorus, weil dieser ihn aufgenommen hat und durch seinen Dienst segenswürdig geworden ist. Durch den Segen kommt ihm alles Gute und alles Heilvolle entgegen. Im Segen richtet sich die allmächtige Liebe Gottes auf das Herz und den Wesenskern dessen, der gesegnet wird. Wie bereits auf der griechischen Ikone des Reprobus zu sehen ist, strömt die Kraft, die heil und gut macht, aus der Hand Gottes.

Der Segen, den Christophorus aus der Hand des göttlichen Kindes empfängt, bedeutet für ihn Teilnahme an der göttlichen Natur, die ihn befähigt, seinen Weg als Missionar und als Märtyrer konsequent und dem Herrn treu bis zum Ende zu gehen.

Auferstehung

Wie Christus zur Erprobung Christophorus in die Nähe des Unerträglichen geführt hat, so nimmt er ihn auch mit in die Auferstehung. Der Maler zeigt uns ein österliches Bild und damit die Verwandlung des Reprobus in Christophorus. Wandlung ist die Mitte unsres Christseins. Es gibt Hunderte von Darstellungen, die einen meist alten Mann zeigen, der sich mit großer Mühe durch den gefährlichen Fluss ans andere Ufer kämpft. Er trägt Christus als Kind auf seinen Schultern, das ihm schwerer noch als

Blei geworden ist und ihn wegen der steigenden Flut fast untergehen lässt. Dieric Bouts dagegen zeigt uns einen dunkelhaarigen aufrecht stehenden Mann mittleren Alters, der eine große Reife und viel Lebenserfahrung mitbringt.

Christophorus ist bekleidet mit dem österlichen Gewand des Auferstandenen. Einige Künstler bevorzugen ein weißes Gewand, andere wie Dieric Bouts ein leuchtend rotes Gewand. Ist es nicht faszinierend, mit welcher Leichtigkeit und Eleganz er den Christophorus mit diesem Festgewand umkleidet? Auf der linken Seite umhüllt es den Wanderstab und auf der rechten Seite ruht es auf dem Wasser – ohne durchnässt zu werden und unterzugehen. Der Betrachter spürt förmlich den Aufwind und die damit verbundene Freude, wenn er Christophorus länger anschaut. Hat diese Darstellung nicht große Ähnlichkeit mit den Darstellungen des auferstandenen Herrn?

Eine schwebende Leichtigkeit lässt nicht die Kräfte der Erde vorherrschen wie zum Beispiel die Schwerkraft. Durch die Auferstehung wird sie, wie viele andere Kräfte auch, außer Kraft gesetzt. Das Bild will damit sagen, dass Christophorus bereits an dem kommenden Schicksal und der Erlösung durch den Herrn teilnehmen darf. Für diesen Augenblick der Auferstehung wird Christophorus mit Christus eins. Doch heißt es für ihn wie für uns alle, die sich uns offenbare Botschaft in die Welt hinauszutragen und die mit der Erlösung verbundene Spannung zu ertragen. So fällt zum Beispiel auf, und das ist symbolisch zu sehen, dass Christophorus unter dem leuchtend roten Gewand ein dunkelblaues, fast schwarzes Untergewand trägt. Es könnte den alten Menschen darstellen, der jetzt Vergangenheit ist, weil er mit dem gnadenhaften Gewand der Erlösung und der Auferstehung durch Christus umkleidet ist.

Rot ist die alles beherrschende Farbe auf diesem Bild und alles – selbst die Felsvorsprünge und die Wellen auf dem Wasser – deuten auf diese Mitte hin. Würde sich das rote Gewand mit Wasser vollsaugen und unter Wasser gezogen werden, könnten wir in relativ geringer Tiefe kein Rot mehr wahrnehmen, denn das Wasser absorbiert die rote Farbe. Möchte man eine Farbe interpretieren, ist zu beachten, dass sie nicht absolut aufgefasst werden darf, sondern immer mit einer Form oder einem Geschehen in Verbindung gebracht werden muss.

Rot ist die Farbe der Kaiser und Könige und symbolisiert höchste Macht, der zu dienen sich Christophorus immer gewünscht hat. Wider all seine Erwartungen hat er diese in Christus, einem Kind, gefunden und ist sogar von ihm mit dieser geistlichen Vollmacht ausgestattet und ummantelt worden. Zur Zeit der Entstehung dieses Bildes galt Rot als Gottesfarbe. Aber immer schon ist Rot das Zeichen der feurigen Liebesgewalt des Heiligen Geistes und gleichzeitig des Opferblutes Christi und der Blutzeugen. Wenn Christophorus nach der Erfüllung seiner Aufgaben am Ende seines Lebens hingerichtet wird, erscheint noch einmal das Rot, das ihn eigentlich immer begleitet hat: als Feuer des Aufbruchs, als Liebe zu den Menschen und zu Christus, als ein Zeichen für sein gottergebenes Herz, und das ihm, wie gesagt, als Blutzeuge Christi nicht erspart bleibt.

Zur Auferstehung gehört noch etwas ganz Besonderes, über das viele beim Betrachten des Bildes hinwegschauen. Es ist der Blick des Christophorus im Augenblick seiner Wandlung, das heißt, der Berührung seiner Seele mit Christus. Der Heilige schaut nicht, wie er es wahrscheinlich sein ganzes Leben bisher ausschließlich gewohnt war, nach außen in die Welt und Weite, sondern nach innen. Hier begegnet uns ein introvertierter Christophorus, wie ihn wohl kein Maler in so vollendeter und ausdrucksstarker Weise sichtbar gemacht hat. In einem entspannten und zur Ruhe gekommenen Gesicht, das nicht der Falten und Furchen eines nicht immer einfachen Lebens entbehrt, stehen zwei Augen, die den Betrachter mit in eine innere Ruhe nehmen. Sind diese verinnerlichten Augen nicht die verborgene Mitte und das Herz des ganzen Bildes?

Der Blick des Christophorus ist nach innen gerichtet. Es scheint, dass er das Unfassbare zu fassen beginnt, das Wesentliche, das nicht draußen in der Welt geschieht, sondern im Verborgenen unserer Innerlichkeit. Dies ist der Augenblick einer Gottesbegegnung, wie sie Mose am brennenden Dornbusch erfahren durfte, und Maria, der der Engel die Empfängnis des Herrn verkündete. Es sind Augenblicke höchster Gnadenzuwendungen Gottes, die den Menschen über seine menschlichen Grenzen hinausführen in eine österliche Welt jenseits allen Leidens.

Bei längerem Verweilen vor diesem Bild erlebt der Betrachter die aus der Mitte kommende Verwandlung. Für Christophorus ist dieses Geschehen noch unfassbar, doch beginnt er es zu fühlen als Frucht der Liebe, die aus dem Dienen hervorgegangen ist. Wandlung ist nur möglich unter völliger Hingabe der eigenen Individualität. Körperliche und geistige Kräfte vermögen es nicht, ihm eine solche Transzendenz-Erfahrung zu vermitteln, die eine Gottesbegegnung zum Inhalt hat. Sie ist Geschenk Gottes als Frucht der Liebe zu Gott.

Vielleicht ist eine Frage an uns erlaubt: Bewegen wir uns auf Christus hin, und wie schnell erfolgt diese Bewegung? Der Mund und die Ohren sind uns aufgetan, sodass wir sprechen und hören können und es nicht wie Christophorus erst lernen müssen. Sind

wir bereit, wenn es die Liebe verlangt, unsere Grenzen zu überschreiten – selbst auch dann, wenn es für uns schmerzhaft wird?

Das Bild des Christophorus, der aufrecht mitten im Fluss, mitten im Leben, steht, das Kind auf seinen Schultern trägt und den Stab in der Hand, ist Bild eines gelungenen Einswerdens aller Elemente im Menschen, der dunklen und der lichten, mit der österlichen Welt des Auferstandenen. Durch diese Erfahrung wird Christophorus zum Symbol der Hoffnung auf die wahre Menschwerdung aller Menschen.

Stab
Für viele Menschen ist ein Stock zum dritten Standbein geworden, ohne den sie sich nicht fortbewegen können. Christophorus hat ihn für seine Arbeit benötigt, um die Wassertiefe beim Herübertragen der Menschen auszuloten und zu seiner eigenen Sicherheit, um sich abzustützen. Auf diesem wunderbaren stillen und heilbringenden Bild ist der Augenblick dargestellt, in dem nicht nur Christophorus selbst eine Wandlung vollzieht, sondern auch sein Stab eine neue lebenspendende Aufgabe bekommt. Er wird als Beweis für das Leben und die Wahrheit Christi, die der Heilige verkündet, grünen, blühen und Frucht bringen.

Der Stab ist Symbol der Wanderschaft wie auch der Hoffnung in Hinblick auf Gottes Verheißung. Ihn in der Hand zu haben bedeutet, immer neu wieder aufzubrechen und dem Ziel entgegenzugehen.

- Mose kehrte auf Geheiß des Herrn nach Ägypten zurück. *Den Gottesstab hielt Mose in der Hand* (Exodus 4,20). Es ist wie der Stab des Christophorus ein von göttlicher Kraft erfüllter Stab, mit dem auch Mose und Aaron zahlreiche Wunder vollbrachten.
- Der Herr bat Mose, jeweils von einer Großfamilie einen Stab zu nehmen und die Stäbe in das Offenbarungszelt zu legen, wo die Begegnung mit dem Herrn stattfand. *Der Mann, den ich erwähle, dessen Stab wird sprossen … Als Mose am nächsten Tag zum Zelt des Bundeszeugnisses kam, siehe, da hatte der Stab Aarons für das Haus Levi gesprosst; er trieb Sprossen, blühte und trug Mandeln* (Numeri 17,20.23).

Bei jedem Wunder, das der Herr durch den Stab wirkt, ist darauf zu achten, dass der Stabträger im Mittelpunkt steht, nicht der Stab selbst. Dieser ist lediglich ein Werkzeug im göttlichen Heilsplan. Durch das Grünen des Stabes ist Christophorus, der durch die Begegnung mit Christus von einem stammelnden Hundsköpfigen zu einem wortmächtigen Bekenner Christi geworden ist, sanktioniert, von der Wahrheit Zeugnis zu geben. Im übertragenen Sinn dürfen wir sagen: Wo auch immer der Mensch Christus begegnet, da schlägt das dürre Holz aus und beginnt zu grünen; wo auch immer der Mensch Christus begegnet, bricht das Leben auf, schlägt Wurzeln und beginnt zu blühen und Früchte zu tragen. Durch die Begegnung mit Christus beginnt unser Lebensbaum sich zu erneuern, er wirft Verwelktes und Verdorrtes ab und schenkt uns einen ungeahnten Reichtum an Leben.

Herr, segne uns und behüte uns.
Lass dein Antlitz über uns leuchten
und sei uns gnädig.
Wende uns dein Angesicht zu
und schenke uns Frieden.

Herr, wache du über unseren Wegen
und schenke uns und allen,
die uns anvertraut sind, dein gütiges Geleit.

Herr, lass mich auf dieser Fahrt
nicht leichtsinnig und rücksichtslos sein.
Gib mir ein waches Auge und eine sichere Hand,
dass niemand durch meine Schuld
zu Schaden komme.

Wecke in mir Hilfsbereitschaft.
Lass mich ruhig und gelassen bleiben,
in der Hetze und im Ärger des Verkehrs.
Sei nahe denen, die heute mit mir
auf den Straßen unterwegs sind.
Herr, gib uns eine glückliche Fahrt.

Nach der Fahrt
Herr, ich danke dir für deine Nähe
auf dieser Fahrt. Ich danke dir für
das Gute und Schöne, das ich
gesehen und erfahren habe.

Ich bitte um deine Vergebung,
wenn ich schuldig geworden bin
durch Rücksichtslosigkeit, Leichtsinn,
mangelnde Hilfsbereitschaft.

Segne alle, die jetzt unterwegs sind.
Sei nahe mit der Kraft deiner Hoffnung
den Verletzten und Kranken.
Denen, die vom Tod getroffen sind,
schenke den Frieden deines Reiches,
in dem du uns alle einmal nach dem Leid
und den Rätseln dieser Zeit
bergen willst in deiner Vatergüte.
Bleibe du auf allen Wegen
unserer Zuversicht.

(Johannes Bours)

Im gleichen 15. Jahrhundert – jedoch etwas früher als Dieric Bouts – malte Konrad Witz seinen Christophorus. Dieses 1435 entstandende Bild befindet sich heute im Kunstmuseum Basel. Konrad Witz (1400–1444/45) zählt zu den bedeutendsten Vertretern der oberrheinischen Malerei der Spätgotik. Er befasste sich intensiv damit, dreidimensionale Wirklichkeit in die zweidimensionale Malerei umzugestalten.

Zwischen drei bizarren Felsformationen auf der rechten Seite und einer sanften Landzunge auf der linken Seite, auf der der Einsiedler wohnt, versucht Christophorus Halt unter seinen Füßen zu gewinnen. Vergeblich stützt er sich mit der rechten Hand auf den zerbrochenen Stab; mit dem linken Arm versucht er das Gleichgewicht zu finden. Er trägt ein dunkelrotes Untergewand und darüber einen leuchtend roten Umhang.

Das Kind auf seinen Schultern, das ein grau-violettes Gewand trägt, hält sich mit der linken Hand an seinen Haaren fest, während es seinen Träger mit der rechten Hand segnet. Die kreuzförmig angeordneten goldenen Strahlen um den Kopf des Kindes weisen es noch einmal als Christus-Kind aus. Die Last, die Christophorus ertragen musste, die ganze Welt und den, der sie erschaffen hat, auf seinen Schultern zu tragen, liegt hinter ihm. Das Wasser ist gesunken, der Stab infolge der Last gebrochen, und das Ende des roten Umhangs ist von Wasser durchtränkt und zieht mächtig nach unten. Doch das leise Lächeln auf seinem Gesicht zeigt, dass die Angst machende und lebensbedrohende Situation hinter ihm liegt. Das Ziel, das andere Ufer, ist bald mit Mühe und Not erreicht und es wird ein Aufatmen geben.

Der Strom, der sich in immer größerer Weite entfaltet, spiegelt den hellen, silberfarbenen Himmel wider. Vorn auf der linken Seite sieht man die Behausung und die Kapelle des Einsiedlers. Dieser steht neben einer Treppe mit einem Korb im Arm am Ufer. Durch die Felsen an beiden Seiten des Ufers hat der Blick auf das silbern spiegelnde Wasser etwas Bedrohliches, obwohl die drei Boote mit ihren Fischern eine wohltuende Ruhe ausstrahlen. Die grauen Felsen, kalt und leblos, ragen kantig und bizarr ins Bild und bilden zu dem warmen und fließenden Rot des Umhangs einen krassen Gegensatz.

Christophorus steht im schwarzgrünen stillen Wasser im Vordergrund von allem, nur bewegt durch die Kreise, die sein Schreiten zieht. Unten links lässt grünes Binsenkraut auf gelbem Sand das Ufer vermuten, das er noch nicht erreicht hat. Vielleicht tastet Christophorus mit dem gebrochenen Stab den Untergrund ab, um keiner neuen Gefahr zu erliegen. Er geht gebückt – noch ein Zeichen der unendlich schweren Last, die er auf seinen Schultern getragen hat. Nur langsam erholt er sich davon, denn sie war zu groß, keine Nachwirkungen zu haben.

Einzig der gebrochene Stab und der von Wasser durchtränkte untere Teil des roten Umhangs sprechen noch von der Lebensgefahr, die hinter Christophorus liegt. Doch die Haltung seiner linken Hand drückt noch Vorsicht aus, denn er ist bemüht, das Kind und sich im Gleichgewicht zu halten. Das wissende Lächeln jedoch – es könnte auch ein Verlegenheitslächeln sein –, das die überstandene große Gefahr ausdrückt, und der Segen, der vom Kind ausgeht, sind Zeichen der Dankbarkeit, dass die Todesgefahr überstanden ist.

Das Umfeld des Christophorus mit dem Kind auf seinen Schultern gestaltet sich alltäglich, so, als ob nichts geschehen sei. Ohne besondere Aufmerksamkeit steht der Einsiedler am Ufer. Mit einem Stab in der Rechten scheint er etwas zu suchen, worauf er konzentriert ist. Die Fischer in ihren Booten gehen ungestört ihrer Arbeit nach. Über dem Kopf des Kindes fliegen drei Vögel am Himmel und ziehen ihre Bahn. Trotz der bizarren kalten grauen Felsen sind Frieden und der Alltag eingekehrt, so, als ob nichts Gravierendes geschehen sei. Das Rot des Gewandes, die einzig warme Farbe im ganzen Bild, leuchtet hell und freundlich, obwohl keine Sonne scheint. Der noch gebückte Christophorus spürt, wie sich über ihm eine segnende Hand erhebt. Die Schwere seiner Arbeit, die bedrohliche Tiefe des Wassers, die Kälte und das Unheimliche des Untertauchens liegen hinter Christophorus.

Kein Stab in der Welt ist in der Lage, uns zuverlässig zu schützen, er kann zerbrechen wie der Ast in der Hand des Christophorus. Und trotzdem lächelt er … Was ist wohl sein Geheimnis? Welche Zuversicht leuchtet aus seinem Gesicht? Papst Johannes XXIII. prägte das Wort: »Wer glaubt, zittert nicht.« Er ist nicht pessimistisch eingestellt, er verliert nicht die Nerven – das ist Heiterkeit, die von Gott kommt.

Noch ein letzter Blick auf das Gemälde von Konrad Witz. Das wirkliche Leben, das Begegnung ist, spiegelt sich in einem relativ schmalen Mittelstreifen auf dem Bild wider. Links der Einsiedler und auf gleicher Höhe die grün bewachsene Landzunge, im Hintergrund die beiden Fischerboote und zwischen ihnen auf gleicher Höhe in der Mitte des Bildes die rechte Hand des Christophorus, der segnende Christus auf seinen Schultern und das lächelnde Gesicht des Heiligen. Man sieht ihm, seiner gebückten Haltung, dem zerbrochenen Stab und dem im Wasser und nach unten ziehenden Teil des roten Mantels an, dass er etwas sehr Schweres und Lebensbedrohendes überwunden hat, was durch die Begegnung mit dem, göttlichen Kind noch der Wandlung in das österliche Geheimnis bedarf.

Im Christophorus-Bild von Dieric Bouts ist diese Wandlung bereits vollzogen. Alle Figuren sind aufrecht und schauen – ausgenommen Christophorus, der nach innen schaut – den Betrachter an. Die schwere Lebenssituation ist zwar auf beiden Bildern beendet, doch Dieric Bouts führt weiter in die Auferstehung, während Konrad Witz die Auswirkungen der Tragik zum Inhalt seiner Darstellung macht: der fast farblose Himmel und das schwarze Wasser im Vordergrund, der noch von schwerer Last gekrümmte Rücken des Christophorus, vor allem aber der gebrochene Stab und der untergehende rote Umhang. Das Bild von Bouts dagegen ist von der Sonne beschienen und kennt, außer den beiden Felsen, diese düsteren Elemente nicht.

Gegensätze

Wenn man sich einmal die Spannung genauer anschaut, die im österlichen Christophorus-Bild vorherrscht, stößt man auf krasse Gegensätze, die sich entweder gegenüberstehen oder gar ergänzen. Da sind zunächst die vier Elemente zu nennen, die sichtbar, ja, sogar spürbar werden. Die Sonne repräsentiert das Feuer, Wasser führt der lang sich dahinziehende und breite Fluss. Die in der Abendstimmung vibrierende Luft ist fast zum Anfassen. Die Felsen und die Landschaft stehen für die Erde. Inmitten dieser vier Elemente – die Welt spiegelt sich in der Zahl Vier wider, sie ist Zeichen der Erde – findet die Begegnung mit der jenseitigen Welt statt, der transzendenten Welt, deren Mitte Jesus Christus ist.

- Der hundsköpfige Reprobus hat sich in diesem Moment der Segnung durch Christus in Christophorus, den Christusträger, verwandelt.
- So steht auch im Gegensatz zum dunkelblauen Untergewand des Christophorus das leuchtend rote österliche Gewand. Dieser alles beherrschenden Farbe ordnen sich alle anderen Farben unter.
- Die bizarren Felsformationen bilden den Kontrast zur eher lieblichen Uferlandschaft mit Gebäuden und vielen Schiffen auf dem Fluss.
- Die Steine wirken starr, das Gewand dagegen ist bewegt und leicht.
- Die Felsen kann man als hart bezeichnen, das Wasser im Gegensatz zu ihnen als weich.
- Der Betrachter schaut in die untergehende Sonne, während sich in den Felsspalten bereits dunkle Schatten bilden.
- Das Großsein des Reprobus und das Kleinsein des göttlichen Kindes treffen aufeinander.
- Durch die bedrückende Enge zwischen den beiden Felsformationen schaut man in die von der Abendsonne beschienene weite Flusslandschaft.

Auch sind die Gegensätze interessant und bemerkenswert, die der Maler entstehen lässt, wenn die bewegte Vorgeschichte des Reprobus mit Elementen aus diesem stillen und heilbringenden Bild verglichen wird.

- Christophorus strahlt eine tiefe meditative Ruhe aus im Gegensatz zu der großen Unruhe, die ihn von einem zum anderen getrieben hat.

- Er, der unentwegt in der äußeren Welt gesucht hat, schaut jetzt nach innen und entdeckt die innere, geistliche Welt.
- Die Suche nach dem Großen endet letztlich im erfüllten Finden des Kleinen.
- Dem Beten und Fasten steht der caritative Dienst gegenüber, doch beide Wege können sich – wie Christophorus zeigt – wunderbar ergänzen.
- Die anfangs für Christophorus leichte Last entwickelte sich zu einer unendlich schweren Last, die er zu tragen hatte.
- Reprobus gibt das Hundsköpfige seines Wesens ab und empfängt durch die Begegnung mit Christus die Wandlung zu einem reifen religiösen Menschen.
- Die Grenzen und Begrenzungen, denen Christophorus bisher ausgesetzt war, erfahren jetzt Entgrenzung, und Jenseitiges kann sich schenken.
- Das endlos lange Suchen und das demütige Dienen finden jetzt in der Ruhe in Christus Erfüllung und einen neuen geistlichen Auftrag.
- Der Betrachter weiß und fühlt, dass die Gefahr um Leben und Tod und alles Dunkle im Rücken des Christophorus liegen: Man schaut ins Licht.

Der geheimnisvolle Punkt

Auf nicht sichtbare Weise lässt der Maler den Betrachter die Mitte des Bildes spüren und vermittelt so – wahrscheinlich unbewusst – sein Herzensanliegen: die Wandlung einer Seele in die österliche Dimension der Auferstehung. Möge es uns gelingen, diesen Wandlungsprozess in die Innerlichkeit ein Stück weit nachzuvollziehen. Christophorus hat erfahren, in Gottes Gegenwart zu leben.

Herr, du hast mich erforscht und kennst mich.
Ob ich sitze oder stehe, du kennst es.
Du durchschaust meine Gedanken von fern.
Ob ich gehe oder ruhe, du hast es gemessen.
Du bist vertraut mit all meinen Wegen.

(Psalm 139,1–3)

Was ist die eigentliche Mitte des Christophorus-Bildes, von wo alle Bewegung ausgeht und auf die alle Bewegung hinführt? Beim längeren Betrachten erfährt man ganz von selbst eine einsammelnde und mittebildende Wirkung, man wird ruhig. Sind wir nicht alle ein Leben lang auf der Suche nach uns selbst, nach unserer Mitte, nach Ganzheit, in die alle Kräfte unserer Persönlichkeit integriert sind? Ein Bild dieser Mitte haben wir in Christophorus vor uns. Es möchte uns in die Innerlichkeit hineinholen und uns teilhaben lassen an dem Ergebnis einer langen, reifen, menschlichen Erfahrung. Christophorus lädt uns nicht nur ein, dass wir auch bei uns einen Prozess der Selbstwerdung in Gang setzen, sondern dass wir uns auch zum Dienst an der Welt senden lassen, zum Dienen in Liebe.

Das Bild hat die Form eines lang gezogenen Rechtecks. Über den Figuren zeigt der Maler viel Himmel und unter und hinter ihnen viel Wasser. Hinzu kommt das Element Erde in Form der Felsen und der langen Uferlandschaft und als viertes Element die Sonne als Feuer. Die Zahl Vier symbolisiert die Welt: vier Jahreszeiten, vier Himmelsrichtungen, vier Elemente, vier Beine sind erforderlich zur Standfestigkeit eines Tisches, und so hat auch unser Christophorus-Bild vier Ecken, die es zusammenhält. Das Mittelbild der »Perle von Brabant«, die Anbetung des göttlichen Kindes durch die Heiligen Drei Könige, ist quadratisch, und das linke Längsbild ist wieder rechteckig.

Kehren wir zum Christophorus-Bild zurück, um seine geistliche Mitte auszuloten. Auf sie hinzuweisen, ist einfach, sie aber zu ergründen ist schwer. Wir gehen zunächst von den vier Ecken des Bildes aus, um den fünften geheimnisvollen Punkt zu finden, den »quintum punctum«, der nichts anderes offenbart als die Quintessens des Geschauten.

Johann Wolfgang von Goethe lässt Faust zu Beginn seines Werkes im Monolog den Ausspruch tun: »Dass ich erkenne, was die Welt im Innersten zusammenhält.« An dieser Thematik ist Goethes Faust gescheitert.

Der Quintessenz unseres Bildes dagegen auf die Spur zu kommen, ist leicht. Wir ziehen von den vier Ecken des Bildes die Diagonalen und erhalten in ihrem Schnittpunkt den fünften verborgenen Punkt, der uns die Essenz des Bildes mitteilt. Die Diagonalen treffen sich genau im Herzen des Christophorus. Zieht man von hier eine Gerade nach oben, erfasst sie den aufrecht sitzenden segnenden Christusknaben, der unweigerlich zur geistlichen Mitte des Bildes gehört. Christophorus bringt dem Herrn seinen Dienst über all die vielen Jahre dar, seinen treuen Dienst in Hingabe und Liebe; Christus schenkt ihm seinen Segen und damit die Wandlung zu einem reifen religiösen Menschen, der nicht nur bereit ist, sich für den Herrn einzusetzen, sondern auch für ihn das Leben zu lassen.

Beim meditativen Anschauen des Bildes wird der Mensch eingeladen, zu sich selbst zu kommen und aus der Hand und aus der Liebe Christi das zu empfangen, was er am notwendigsten braucht.

Herr, du hast mich erforscht und kennst mich.
Du sammelst meine sich zerstreuenden Kräfte
und führst sie zusammen zur Mitte, die du bist.
In Stille und im Innehalten spüre ich mein Herz,
das mir freudig berichtet, dass du es berührst.

Im Loslassen darf ich vertrauend hineinsterben
in diese verborgene Mitte, die du selbst bist.
Der Auferstehung mit dir darf ich gewiss sein,
denn du schenkst neues Leben in Fülle und
du wirst das Angesicht der Erde erneuern.

Die Mitte ist dein liebevolles Entgegenkommen,
dein Mitgehen auch in die Passion hinein.
Sie wandelst du in Freude der Auferstehung.
Das Christophorus-Bild sagt mir ganz leise:
Der tiefste Grund der Welt ist das Du Gottes.

Bei dieser Begegnung mit dir im Innehalten
wirst du deine Augen in mir auftun und ich
werde meine Augen in dir auftun.
Ich erfahre: In der Unrast schenkst du Ruh
und du gibst mir Weisung für meinen Weg.

Sankt Christofferus

Rainer Maria Rilke (1913)

Die große Kraft will für den Größten sein.
Nun hoffte er, ihm endlich hier zu dienen
an dieses Flusses Furt; er kam von zwein
berühmten Herren, die ihm klein erschienen,
und ließ sich dringend mit dem dritten ein:

den er nicht kannte; den er durch Gebet
und Fastenzeiten nicht auf sich genommen,
doch der im Ruf steht, jedem nachzukommen
der alles läßt und für ihn geht.

So trat er täglich durch den vollen Fluß –
Ahnherr der Brücken, welche steinern schreiten, –
und war erfahren auf den beiden Seiten
und fühlte jeden, der hinüber muß.

Und ruhte nachts in dem geringen Haus,
gefaßt zu handeln, jeder Stimme inne,
und atmete die Mühe mächtig aus,
genießend das Geräumige seiner Sinne.

Dann rief es einmal, dünn und hoch: ein Kind.
Er hob sich groß, daß er es überführe;
doch wissend, wie die Kinder ängstlich sind,
trat er ganz eingeschränkt aus seiner Türe
und bückte sich –: draußen war Nachtwind.

Da ist doch keiner, oder bin ich blind?
warf er sich vor und ging noch einmal schlafen,
bis ihn dieselben Laute zwingend lind
noch einmal im verdeckten Innern trafen:
Er kam gewaltig:
draußen war ein Kind.

1. Fragebogen

Christophorus oder Der lange Weg der Wandlung

1. Welche Grenzüberschreitungen müsste ich vornehmen, um meine innersten Wünsche zu erfüllen?
2. Kenne ich das wie Christophorus, Bekanntes zu verlassen und in eine andere Welt aufbrechen zu müssen?
3. Worin bestehen in meiner jetzigen Lebensphase Entgrenzungen auf eine tiefere religiöse Dimension hin?
4. Gibt es für mich Hindernisse, die mir unüberwindbar erscheinen?
5. Welche Möglichkeiten in mir blieben bisher ungenutzt?
6. Bin ich ausdauernd in der Ausrichtung auf ein Ziel oder breche ich vorschnell infolge eines Misserfolgs diese Zielstrebigkeit ab?
7. Worin besteht bei mir die Versuchung eines Weggehens von Gott?
8. Kenne ich so etwas wie einen religiösen Auftrag und worin besteht er?
9. Erfahre ich auf meinem Glaubensweg Unterstützung und Bejahung durch andere?
10. Habe ich genügend Mut, meine Intuition in die Aktivität umzusetzen?
11. Gibt es Anzeichen und Beweise, dass mein Vorgehen richtig ist, auch in der Auswirkung auf andere?
12. Erfahre ich auf meinem Glaubensweg als praktizierender Christ Ablehnung durch andere?
13. Bin ich eventuell zu einseitig und extrem, fanatisch und provozierend?

14. Woraus lebe ich jetzt am meisten? Was gibt mir den stärksten Lebensimpuls?
15. Wo kommt in meinem Leben zum Ausdruck, dass ich an die liebende und wandelnde Macht Gottes glaube?

2. *Fragebogen*

Christophorus oder Der lange Weg der Wandlung

1. Bin ich bereit, wenn ich erkenne, der andere ist ein Gott naher Mensch, mich ihm zu öffnen und seinem Rat zu folgen – auch wenn ich ihn nicht verstehe?
2. Kann ich momentan von mir behaupten, dass ich auf eigenen Füßen stehe?
3. Habe ich in meinem Leben erfahren, dass mir Vergebung geschenkt wird?
4. Übernehme ich Verantwortung?
5. Welche Gefühle kommen in mir auf, wenn ich allein an einem großen Fluss oder am Meer stehe: Ruhe, Sehnsucht, Angst, Wunsch nach menschlicher Nähe, Erhabenheit?
6. Möchte ich ans andere Ufer gelangen? Schwimmend oder in einem Boot? Oder habe ich eher den Wunsch, mich aufs feste Land zurückzuziehen?
7. In welchen Lebenssituationen stand mir das Wasser bis zum Hals?
8. Kenne ich so etwas wie Angst? Und wie gehe ich damit um?
9. Gibt es in meinem Alltag ein »Innehalten«, ein »Zur-Mitte-Kommen«?
10. Bin ich sensibel genug, um die Stimme der Kleinen, der Vorübergehenden, der Träume wahrzunehmen?
11. Kann ich warten?
12. Welche Beziehung habe ich zur Farbe »Rot«?
13. Kenne ich die Erfahrung, dass sich mir mitten in meinem Alltag etwas Wunderbares offenbart, eine Begegnung, eine Liebe?
14. Auf was oder wen stütze ich mich und kann mich verlassen?

Literatur

Die Bibel: Einheitsübersetzung der Heiligen Schrift. Gesamtausgabe. Stuttgart 2016.

Hans Christian Andersen: Märchen und Historien. München und Hamburg 1964, 22.

Gertrud Benker: Christophorus. Legende, Verehrung, Symbol. München 1975.

Martin Buber: Die Erzählungen der Chassidim. Zürich 1949, 191.

Gertrud Fussenegger: Christophorus. Wien 1996.

Gotteslob: Katholisches Gebet- und Gesangbuch. Stuttgart 2014.

Erich Jooß: Christophorus. Die Legende des Heiligen neu erzählt. Freiburg 1987.

Esther Kaufmann: Christophorus – ein Lebensweg für Kinder und Jugendliche. Landshut 2022.

Walter Kettler: Narren, Drachentöter und andere Heilige. Alte Legenden und neue Einsichten. München 1976, 65–80.

Otto-Hubert Kost: Christophorus. Seine Herkunft und sein Dienst. Heimbach 2015.

Josef Kunstmann: Hol über. Leben, Bild und Kult des hl. Christophorus. Ettal 1960.

Walter Loeschke: Neue Studien zur Darstellung des tierköpfigen Christophorus. In: Erste Studiensammlung (= Beiträge zur Kunst des christlichen Ostens). Band 3. Recklinghausen 1965, 37–80.

Rainer Maria Rilke: Sämtliche Werke. Zweiter Band. München 1957, 59–60.
Brigitte Romankienic: Der Blick des Christophorus oder was ist Christus? Stuttgart 2019.
Hans-Friedrich Rosenfeld: Der hl. Christophorus, seine Verehrung und seine Legende. Leipzig 1937.
Theodor Schnitzler: Die Heiligen im Jahr des Herrn. Freiburg 1979.
Jacobus de Voragine: Die Legenda aurea. Aus dem Lateinischen übersetzt von Richard Benz. 8. Auflage, Heidelberg 1975, 499–503.

Bildnachweis

Bild auf dem Einband:
Ausschnitt aus dem Flügelaltar »Perle von Brabant« von Dieric Bouts d. Ä. (1467–1468) Alte Pinakothek, München.
Der Flügelaltar besteht aus dem Mittelteil: »Die Anbetung der Heiligen Drei Könige«, der linken Tafel: »Johannes der Täufer« und der rechten Tafel: »Christophorus«, Alte Pinakothek, München.

Hl. Christophorus kynokephalos:
Griechenland 1734. Ikonen-Museum, Recklinghausen (Inv.-Nr. 377).

Stephanos und Christophorus kynokephalos:
Griechenland, erste Hälfte 18. Jahrhundert, Ikonen-Museum, Recklinghausen (Inv.-Nr. 374).

Quagga-illustrations, Berlin, Dr. Rita Gudermann

»Christophorus« von Konrad Witz (1435). Kunstmuseum Basel

Privatarchiv des Autors